竹帛《五行》篇 校注及研究

龐 樸◎著

目　　錄

引 言

　　中華文明有個重大特色，叫做"惟殷先人，有冊有典"、"有典有則，貽厥子孫"（《尚書·多士、五子之歌》）。世界古來幾大原創文明中，中華文明所以獨能傳承不墜的秘密，或許便在其中。可歎的是，除去無情的水火兵燹所造成的損失外，有意識地焚書毀版的文字浩劫，也一次次降災於中華文獻，自古及今，未曾或絕，常令世人扼腕不已。

　　於是，劫灰原典的重新發現，使之能以重新貽其子孫，便不僅僅是文壇佳話，也成了中華文明健康成長的助因。種種秘笈的公開面世，種種藏書之重見天日，所以能在學術史上興波起瀾者，原因正在於此。

　　早在西漢時期，孔壁古文已帶來過經學論爭，爾後竟一直延續了兩千年；而西晉初年汲塚竹書對於古史的校正，則成了學界的福音；至於近世殷墟甲骨推動文字學歷史學之功，直不可以道里計。繼這些所謂的"中國學問上的三大發現"（王國維語）之後，近五十年來的大大小小發現，更是前武後踵，層出不窮。諸如銀雀山漢墓的兵書，馬王堆漢墓的黃老，睡虎地秦墓的法律，便都曾有如驚雷閃電，令人耳目震眩。尤有進者，最近郭店楚墓竹簡的問世，又無異在湖北上空祭起了超級狂飆，頃刻之間，全球漢學界皆已聞風起舞，共用新知。

　　其詳是，1993 年 10 月，湖北省荊門市沙洋區四方鄉郭店村的一座戰國楚墓中，出土了一批楚文字竹簡。據說墓曾被盜，竹簡亦曾殃及。劫餘竹簡 804 枚，出土時散亂無序；其中 730 枚有字，大部完好，可得 13000 餘言，全都是學術著作。據考古學家們根據墓葬形制及器物紋樣等情推定，入葬年代當為戰國中期偏晚，約西元前 300 年上下；墓主男性，不知姓氏，屬士級貴族，70 歲以上。

　　整理編排後的竹簡分成 18 篇：有《老子》三篇，約當傳世本五分之二，《緇衣》一篇，與傳世本大同；此外各篇皆久絕版，整理後名之為《太一生水》、《魯穆公問子思》、《窮達以時》、《唐虞之道》、《忠信之道》、《成之聞之》、《尊德義》、《性自命出》、《六德》各一篇，《語叢》四篇。

另有《五行》一篇，1973 年馬王堆漢墓亦曾以帛書出土，無篇名；此次自名曰"五行"，惟缺少帛書所有的全部解說文句，其他正文部份，與帛書大體相同。

按 1973 年 12 月，湖南長沙馬王堆三號漢墓出土了大批帛書，包括《老子》、《周易》及佚書等二十餘種古籍，約十餘萬字；入葬年代爲西漢文帝前元 12 年（西元前 168 年）。所藏《老子》有兩種不同年代的鈔本，分別抄在兩卷絹帛上，其甲本卷後及乙本卷前各有四篇無題佚書。甲本卷後之第一篇佚書，即帛文第 170 行至 351 行（行約 30 字）者，又可分兩大部份：第一部份自 170 行至 214 行，爲一首尾呼應的完整論著，論述"仁義禮智聖"五行與"仁義禮智"四行之作爲人之兩種道德境界；第二部份自第 215 行的提行另段開始，直至末尾第 351 行，係對第一部份的逐句（缺前 12 行）解釋。按照戰國時期的文章格局，這第一部份可以名之曰"經"，第二部份可以名之曰"說"。"經"文部份即第一部份，與郭店楚簡的《五行》篇大體相同。

前此的研究多半認爲，帛書此篇之"經""說"兩個部份，乃作者有心安排且一次完成了的上下篇。由於其"說"文中雜有《孟子》術語，因而又多推定其成書年代當在《孟子》以後或同時。至於書中所表達的思想觀點，無疑爲荀子在《非十二子》中所指責的"思孟五行說"，從而，全書應該命名爲《五行》。二十多年來，中外學者爲此發表了千言萬語，細微之處縱有歧異，但其大端無過於此。

當時，誰也未曾料到或預期再有一篇《五行》出土，以使人們能對帛書的面目看得更清晰些，來幫助掃除研究中所存在的瑣細分歧。不意天道酬勤，地不藏寶，不多不少整整二十年後，這樣的好事居然真的在古楚舊都發生了。

這次郭店竹簡《五行》篇的再世，首先以其自報家門的爽朗證實了人們對帛書的命名。再就是，竹本之有"經"無"說"的本相，促使人們醒悟，"經"文無待"說"文，本已自明自立；帛本雜用《孟子》的"說"文，想係後人綴加上去的。第三，竹本《五行》入葬於元前 300 年左右，成書年代自當更早，其爲孟子以前作品無疑。荀子批評子思、孟軻編造"五行"，則此篇既早於孟子，其爲子思或子思弟子所作，或大有可能。

郭店出土對《五行》篇研究的最大貢獻還在於，此前人們只是泛泛地知道，《五行》篇所談論的內容，屬儒家道德學說，此次與竹簡《五行》連袂而至的，有一篇叫《六德》，談的也是儒家道德；這兩篇文章，正好構成一個完整的體系，向人們展示了儒家道德境界的全貌。其《六德》篇所討論的，是普泛的建基於人的血緣關係上的以仁爲標誌的情感規範，或者叫人倫道德。《五行》篇所討論的，其一曰"四行"，是理性的處理人的社會關係的以善爲準則的行爲規範，或者叫社會道德；又一爲"五行"，則是悟性的安頓人與宇宙、人與人類、人與自我關係的以德爲指歸的精神規範，或者叫天地道德。這三重道德，正是《禮記·中庸》所謂的"造端乎夫婦；及其至也，察乎天地"的"君子之道"，是儒家之成其爲儒家的一大基本理論。而這樣的理論，由於資料湮沒，過去是很少能夠系統把握的。

本書的主要落腳點，就落在《五行》篇之作爲儒家道德體系上。但爲了說清這一點，有必要先分清"五行"的不同含義，即水火木金土五行與仁義禮智聖五行的不同；還要證明《五行》篇所論述的仁義禮智聖，正是荀子所指責的由子思孟軻所"造說"的五行。這些，在漢帛出土以後楚簡出土以前，便可以完成也確已完成了；因此將當時的論文《思孟五行新考》及《馬王堆帛書解開了思孟五行說古謎》作爲本書附錄之首。此外，《六德》篇出土以前，對於《五行》篇在儒家學說體系中之地位，也曾有過推測；作爲認識過程的泥爪，保存它在本書附錄中，亦不無意義，那就是《帛書五行篇評述》。附錄中還收有楚簡《六德》的釋文，正是由於它的出現，才看清了《五行》的地位和價值，因而應該給以一席之地。

當然，本書的主角是《五行》篇。《五行》篇又有竹簡本與帛書本之不同。兩個版本各有自己的長處：竹本年長，成書在西元前 300 年以前，應該是更接近原貌的珍貴鈔本；帛本詳細，自帶解說，應該是最接近原意的權威釋文。所以，兩個版本的圖版與原始譯文全都收錄；校注時則以有"說"的帛本爲底本，竹本也就包括其中了。另有《竹帛〈五行〉篇比較》一篇，具體列出了兩個版本的主要參差；而《竹帛〈五行〉篇與思孟"五行"說》，則是對《五行》篇學派地位的進一步敲定。至於《三重道德論》，是對《五行》篇實質的一種理解，也可以看成是對儒家學說體系的一種發現，其關係之大，自不待言；準確與否，尚待讀者諸公教正。

1999 年 12 月 15 日北京柳北居

郭店楚簡
《五行》篇釋文

五行：悬（仁）型（形）於內胃（謂）之悳（德）之行，不型（形）於內
胃（謂）之行。義型（形）於內胃（謂）之悳（德）之 (以上簡一)

行，不型（形）於內胃（謂）之行。豐（禮）型（形）於內胃（謂）之悳
（德）之行，不型（形）於內胃（謂）之 (以上簡二)

□。□□於內胃（謂）之悳（德）之行，不型（形）於內胃（謂）之行。
聖型（形）於內胃（謂）之悳（德） (以上簡三)

之行，不型（形）於內胃（謂）之悳（德）之行。 ■悳（德）之行五，
和胃（謂）之悳（德），四行和胃（謂）之善。善，人 (以上簡四)

道也。悳（德），天道也。君子亡审（中）心之惥（憂）則亡审（中）
心之智，亡审（中）心之智則亡审（中）心 (以上簡一五)

□□，亡审（中）心□□□□安，不安則不藥（樂）則亡悳（德）。 ■
五行皆型（形）於內而時行 (以上簡六)

之，胃（謂）之君□。士又（有）志於君子道，胃（謂）之時（志）士。
善弗爲亡近，悳（德）弗 (以上簡七)

之（志）不成，智弗思不得。思不清不 **諆** ，思不悵（長）不型（形），
不型（形）不安，不安不藥（樂），不藥（樂） (以上簡八)

亡悳（德）。 ■不悬（仁），思不能清。不智，思不能悵（長）。不悬
（仁）不智，未見君子，惥（憂）心 (以上簡九)

不能惙惙；既見君子，心不能兌（悅）。"亦既見止（之），亦既詢
（覲）止（之），我心則 (以上簡十)

□"，此之胃（謂）□。□悬（仁），思不能清。不聖，思不能翌（輕）。
不悬（仁）不聖 (以上簡十一)，

未見君子，惎（憂）心不能忡（仲）忡（仲）；既見君子，心不能降。
■惎（仁）之思也清，清（以上簡十二）

則𨼿，𨼿 則安，安則悁（溫），悁（溫）則兌（悅），兌（悅）則
蕁（戚），蕁（戚）則新（親），新（親）則惡（愛），惡（愛）則玉色，
玉色則型（形），型（形）則惎（仁）（以上簡十三）。

■智之思也倀（長），倀（長）則得，得則不亡（忘），不亡（忘）則
明，明則見叚（賢）人，見叚（賢）人則玉色，玉色則型（形），型（形）
（以上簡十四）

則智。■聖之思也翌（輕），翌（輕）則型（形），型（形）則不亡（忘），
不亡（忘）則聰，聰則誉（聞）君子道，誉（聞）君子道則玉音，玉音
則型（形），型（形）（以上簡十五）

則聖。■"畧（淑）人君子，其義（儀）羆（一）也"。能爲羆（一），
肰（然）句（後）能爲君子，懿（慎）其蜀（獨）也（以上簡十六）。■

"□□□□湨（泣）涕女（如）雨"。能遍沱（池）其羿（羽），肰（然）
句（後）能至哀。君子認（慎）其（以上簡十七）

□□。□子之爲善也，又（有）與司（始），又（有）與冬（終）也。
君子之爲惎（德）也（以上簡十八），

□□□□□終也。金聖（聲），而玉晨（振）之，又（有）惎（德）者
也。■金聖（聲），善也；玉音，聖也。善，人（以上簡十九）

道也；惎（德），而〈天〉□□。匯又（有）惎（德）者，肰（然）句（後）
能金聖（聲）而玉晨（振）之。不聰不明，不聖不（以上簡二十）

智，不智不惎（仁），不惎（仁）不安，不安不樂，不樂亡惎（德）。
不夐（變）不兌（悅），不兌（悅）不蕁（戚），不蕁（戚）不新（親），
不新（親）不惡（愛），不惡（愛）不惎（仁）。■不惎（直）不遂，不

遂不果，不果（以上簡二十一）

不柬（簡），不柬（簡）不行，不行不義。 ■不賕（遠）不敬，不敬不嚴，不嚴不隓（尊），不隓（尊）不共（恭），不共（恭）亡豊（禮）。

■未尙（嘗）（以上簡二十二）

聲（聞）君子道，胃（謂）之不聰。未尙（嘗）見臤（賢）人，胃（謂）之不明。聲（聞）君子道而不智（知）（以上簡二十三）

其君子道也，胃（謂）之不聖。見臤（賢）人而不智（知）其又（有）悳（德）也，胃（謂）之不智（以上簡二十四）。

■見而智（知）之，智也。聲（聞）而智（知）之，聖也。明明，智也。虡（虩）虡（虩），聖也。"明明才（在）下，虡（虩）虡（虩）（以上簡二十五）

才（在）上"，此之胃（謂）也。 ■聲（聞）君子道，聰也。聲（聞）而智（知）之，聖也。聖人智（知）而〈天〉（以上簡二十六）

道也。智（知）而行之，義也。行之而時，悳（德）也。見臤（賢）人，明也。見而智（知）之（以上簡二十七），

智也。智（知）而安之，悬（仁）也。安而敬之，豊（禮）也。聖，智（知）豊（禮）藥（樂）之所戠（由）生也，五（以上簡二十八）

□□□□也。和則譽（樂），譽（樂）則又（有）悳（德），又（有）悳（德）則邦豪（家）舉。文王之見也女（如）此。"文（以上簡二十九）

□□□□□于而〈天〉"，此之胃（謂）也。 ■見而智（知）之，智也。智（知）而安之，悬（仁）也。安（以上簡三十）

而行之，義也。行而敬之，豊（禮）也。悬（仁），義豊（禮）所戠（由）生也，四行之所和也。和（以上簡三十一）

則同，同則善。 ■顏色佮（容）佼（貌）悃（溫）叟（變）也。以其审

（中）心與人交，兌（悅）也。宙（中）心兌（悅）董變（與）（以上簡三十二）

於兄弟，臺（戚）也。臺（戚）而信之，新（親）。新（親）而箮（篤）之，恧（愛）也。恧（愛）父，其徹（攸）恧（愛）人，慦（仁）也。 ▄宙（中）心（以上簡三十三）

誐（辯）狀（然）而正行之，植（直）也。悳（直）而述（遂）之，遂也。遂而不畏彊（強）語（禦），果也。不（以上簡三十四）

以少（小）道変大道，柬（簡）也。又（有）大皋（罪）而大鼓（誅）之，行也。貴貴，其止（等）隓（尊）臤（賢），義也（以上簡三十五）。

▄以其外心與人交，遠也。遠而酒之，敬也。敬而不卻，嚴也。嚴而畏（以上簡三十六）

之，隓（尊）也）隓（尊）而不喬（驕），共（恭）也。共（恭）而專（博）交，豊（禮）也。 ▄不柬〈柬〉，不行。不匿，不 𤾤 （以上簡三十七）

於道。又（有）大皋（罪）而大鼓（誅）之，柬〈柬（簡）〉也。又（有）少（小）皋（罪）而亦（赦）之，匿也。又（有）大皋（罪）而弗大（以上簡三十八）

鼓（誅）也，不行也。又（有）少（小）皋（罪）而弗亦（赦）也，不 𤾤 於道也。 ▄柬〈柬（簡）〉之爲言猷（猶）練（以上簡三十九）

也，大而晏者也。匿之爲言也猷（猶）匿匿也，少（小）而訪〈診（軫）〉者也。柬〈柬（簡）〉，義之方也。匿（以上簡四十），

慦（仁）之方也。弜（剛），義之方。矛（柔），慦（仁）之方也。"不彊不桼，不弜（剛）不矛（柔）"，此之胃（謂）（以上簡四十一）

也。 ▄君子集大成。能進之爲君子，弗能進也，各止於其里。大而（以上簡四十二）

晏者，能又（有）取安（焉）。少（小）而軫者，能又（有）取安（焉）。 疋膚膚達者君子道，胃（謂）之臤（賢）。君（以上簡四十三）

子智（知）而與（舉）之，胃（謂）之隥（尊）臤（賢）；智（知）而事 之，胃（謂）之隥（尊）臤（賢）者也。後，士之隥（尊）臤（賢）者也 （以上簡四十四）。

耳目鼻口手足六者，心之返也。心曰唯，莫敢不唯；如（諾）（以上簡四 十五），

莫敢不如（諾）；進，莫敢不進；後，莫敢不後；深，莫敢不深；㴱 莫敢不㴱 。和則同，同則善（以上簡四十六）。

■目而智（知）之胃（謂）之進之。牏〈喻〉而智（知）之胃（謂）之進 之。辟（譬）而智（知）之胃（謂）之進之（以上簡四十七）。

幾而智（知）之，天也。"上帝賢女（汝），毋貳尔心"，此之胃（謂） 也。 ■大陸（施）者（諸）其人，天也。其（以上簡四十八）

人陸（施）者（諸）人，儗也。 ■眘（聞）道而兌（悅）者，好悬（仁） 者也。眘（聞）道而畏者，好（以上簡四十九）

義者也。眘（聞）道而共（恭）者，好豊（禮）者也。眘（聞）道而釁 （樂）者，好悳（德）者也（以上簡五十）。

馬王堆帛書
《五行》篇釋文

〔·仁〕刑（形）〔於內〕，胃（謂）之德之行；不刑（形）於內，胃（謂）之行。170

知（智）刑（形）於內，胃（謂）之德之行；不刑（形）於內，胃（謂）〔之行。義形〕於內，胃（謂）之德之行；〔不形於內，謂之〕171

行。禮刑（行）於內，謂之德之行；不行於內，胃（謂）之行。聖刑（行）於內，〔謂之德〕之行；〔不行於內，謂〕172

之行。德之行五，和胃（謂）之德；四行和，胃（謂）之善。善，人道也；德，天道也。君子毋（无）中〔心之〕173

憂則无中心之知（智），无中心之知（智）則无中心之說（悅），无中心之說（悅）則不安，不安則不樂，不樂則无德。〔君子〕174

无中心之憂則无中心之聖，无中心之聖則无中心之說（悅），无中心之說（悅）則不安，不安則不樂，不樂則〔无〕175

德。五行皆刑（形）於闕（厥）內，時行之，胃（謂）之君子。士有志於君子道，胃（謂）之之（志）士。·善弗為无近，176

得（德）弗之（志）不成，知（智）弗思不得。思睛（精）不察，思不長不得，思不輕不刑（形），不刑（形）則不安，不安〔則〕177

不樂，不樂則无德。不仁，思不能睛（精）；不知（智），思不能長。不仁不知（智）。未見君子，憂心不能178

□□□□□□□能說（悅）。·詩曰：“未見君子，憂心袾（惙）袾（惙）。亦既見之，亦既鈞（覯）之，我〔心179

則〕說（悅）。”此〔之謂也〕。不仁，〔思〕之不能睛（精）；不聖，思不能輕。不仁不聖。未見君子，憂心□□[180]

□□，既見君子，心不□□。仁之思也睛（精）。睛（精）則察，察則安，安則溫，溫則□□□□□〔則不〕[181]

憂，〔不〕憂則王色，王色則刑（形），刑（形）則仁。知（智）之思也長。〔長〕則得，得則不忘，不忘則明，明則□□□□□□〔□〕[182]

□則刑（形），刑（形）則知（智）。·聖之思也巠（輕），巠（輕）則刑（形），刑（形）則不忘，不忘則悤（聰），悤（聰）則聞君子道，聞君子道則王言，王言則□，□〔則〕[183]

聖。·“尸（鳲）白（鳩）在桑，其子七氏（兮）。叔（淑）人君子，其宜一氏（兮）。”能爲一，然后（後）能爲君子，君子慎其獨〔也〕。“〔嬰〕[184]

嬰於蜚（飛），酖池其羽。之子于歸，袁（遠）送于野。瞻望弗及，汲（泣）沸〈涕〉如雨。”能酖池其羽然〔后能〕[185]

至哀，君子慎其獨也。·君子之爲善也，有與始也，有與終也。君子之爲德也，有與始也，无與終也。·金聲而玉振之，有德者也。金聲，善也；王言，聖也。善，人道也；德，[187]

天道也。唯有德者然苟（後）能金聲而玉振之之。不聲不說（悅），不說（悅）不戚，不戚不親，不親不愛，不愛[188]

〔不仁。不直不洩（泄），不洩（泄）〕不果，不果不簡，不簡不行，不行不義。不袁（遠）不敬，不敬不嚴，不嚴不尊，不尊不[189]，

〔恭，不恭〕不□，不□□□□□□□不聖，不聖不知（智）。不知（智）不仁，不仁不安，不安不樂，不樂无德。·顏色容〔貌〕

□190

□也，以其中心與人交，說（悅）也。中心說（悅）焉，遷於兄弟，戚也。〔戚〕而信之，親〔也。親而篤之〕，191

愛也。愛父，其絲=（繼）愛人，仁也。中心辯而正行之，直也。直而□□□也。□□192

不畏強圉（禦），果也。而〈不〉以小道害大道，簡也。有大罪而大誅之，行也。·貴貴，其等〔尊〕賢，義。以其外心與人交，袁（遠）也。袁（遠）而裝（莊）之，敬也。敬而不解（懈），嚴。嚴而威之，尊也。〔尊〕194

而不驕（驕），共（恭）也。（共）恭而博交，禮也。·未嘗聞君子道，胃（謂）之不悤（聰）；未嘗見賢〔人〕，195

胃（謂）之不明。聞君子道而不知其君子道也，胃（謂）之不聖。見賢人而不知其有德196

也，胃（謂）之不知（智）。見而知之，知（智）也。聞而知之，聖也。明明，知（智）也。壑（赫）壑（赫），聖。“明明在下，壑（赫）壑（赫）在197

上”，此之胃（謂）也。·聞君子道，悤（聰）也。聞而知之，聖也。聖人知而〈天〉道。知而行之，聖也。行□198

□□□□□□□□□□見而知之，知（智）也。知而安之，仁也。安而敬之，禮也。□199

□□□□□□□□□□□□□□□則樂，樂則有德。有德則國家與〈興〉□□□200

□□詩曰：“文〔王在上，於昭〕於天”，〔此之胃（謂）也〕。見而知之，知（智）也。知而之，仁〔也〕。〔安而行〕201

之，義也。行而敬之，禮。仁義禮知（智）之所繇（由）生也。四行之所和，〔和〕則同，同則善。〔不簡〕202

不行。不匿，不辯於道。有大罪而大誅之，簡。有小罪而赦之，匿也。有大罪弗〔誅，不〕203

行。有小罪而弗赦，不辯〔於〕道。簡之爲言也猷（猶）賀（加），大而罕者。匿之爲言也猷（猶）204

匿，匿小而軫者，簡，義之方也。匿，仁之方也。剛，義之方毗（也）。柔，仁之方也。詩曰：“不勮205

不救，不剛不柔”，此之胃（謂）也。·君子雜（集）泰（大）成。能進之爲君子，不能進，客（各）止於其〔里〕。206

大而罕者，能有取焉，小而軫者，能有取焉。索纑纑達於君子道，胃（謂）之賢。·君207

子知而舉之，胃（謂）之尊賢，君子從而事之，胃（謂）之尊賢。前，王公之尊賢者208

〔也。後〕，士之尊賢者也。耳目鼻口手足六者，心之役也。心曰唯，莫敢不〔唯〕。209

〔心曰諾，莫〕敢不〔諾。心〕曰進，莫敢不進。心曰淺，莫敢不淺。和則〔同〕，□□210

□〔目而〕知之，胃（謂）之進之。辟（譬）而知之，胃（謂）之進之。諭（喻）而知之，胃（謂）之進〔之〕。□□□□，211

□也。設〈詩〉曰：“上帝臨女（汝），毋膩（貳）爾心”，此之胃（謂）也。天生諸其人，天也。其人施諸〔人〕，□。212

也。其人施諸人，不得其人，不爲法。·聞君子道而說（悅），好仁者也。聞道而〔畏，好〕213

14

義者也。聞道而共（恭），〔好〕禮者也。聞而樂，有德者也。214

·聖之思也輕。思也者，思天也，輕者尚矣。輕則刑（形）。刑（形）者刑（形）其所思也。酉下子輕思於翟，215

路人如斬；酉下子見其如斬也，路人如流。言其思之刑（形）也。刑（形）則不忘。不忘者，不忘其所□216

也，聖之結於心者也。不忘則嚊（聰）。嚊（聰）者，聖之臧（藏）於耳者也。猶孔子之聞輕者之鼓而得 217

夏之盧也。嚊（聰）則聞君子道。道者天道也，聞君子道之志耳而知之也。聞君子道則〔玉218

音〕。□□□□□□而美者也，聖者聞志耳而知其所以爲□者也。玉音則〔聖〕。□□219

□□□□□□□□□聖。220

〔·〕尸（鳲）凸（鳩）在桑。直之其子七也。鳲（鳲）凸（鳩）二子耳，曰七也，與〈興〉言也。□□□其□□□□□人者□□221

者義也。言其所以行之義一心也。能爲一，然筍（后）能爲君子。能爲一者，言能以多〔爲一〕。222

以多爲一也者，言能以夫〔五〕爲一也。君子慎其蜀（獨）。慎其蜀（獨）也者，言舍夫五而慎其心之胃（謂）□□223

然筍（后）一。一也者，夫五夫爲□心也，然筍（后）德之一也，乃德已。德猶天也，天乃德已。"嬰嬰於罪（飛），姺224

賏（池）其羽"。嬰嬰，與〈興〉也，言其相送海也。方其化，不在其羽矣。"之子于歸，袁（遠）送於野。詹（瞻）忘（望）弗及，

〔泣〕225

涕如雨"。能駾訑（池）其羽然笱（后）能至哀。言至也。駾（差）池者，言不在噀（衰）経，不在噀（衰）経，然笱（后）能〔至〕226

哀。夫喪，正経脩領而哀殺矣，言至內者之不在外也。是之胃（謂）蜀（獨）。蜀（獨）者也，舍（捨）膃（體）也。227

‧君子之爲善也，有與始有與終。言與其膃（體）始，與其膃（體）終也。君子之爲德也，有與始无 228

〔與終。有與始者，言〕與其膃（體）始。无與終者，言舍其膃（體）而獨其心也。金聲□□□□。229

□□□縘（由）由德重善也者，有事焉者，可以剛柔多鉛爲。故□善□□□□□□230

也者，忌（己）有弗爲而美者也。雖（唯）有德者然笱（后）能金聲而玉辰（振）之，金聲而玉辰（振）之者，動□□□□231

井（形）善於外，有德者之□。232

‧不變不說（悅）。變也者，窈（勉）也，仁氣也。變而笱（后）能說（悅）。不說（悅）不感（戚）。說（悅）而笱（后）能感（戚）所感（戚）。不 233

感（戚）不親。感（戚）而笱（后）能親之。不親不愛。親而笱（后）能愛之。不愛不仁。愛而笱（后）仁。□234

變者而笱（后）能說（悅）仁，感仁，親仁，愛仁，以於親感（戚）亦可。235

·不直不迣（泄）。直也者，直其中心也，義氣也。直而笱（后）能迣（泄）。迣（泄）也者，終之者也；弗受 236

於眾人，受之孟賁，未迣（泄）也。不迣（泄）不果。果也者言其弗畏也。无介於心□也。不 237

〔果不〕間。間也者不以小害大，不以輕害重。不間（簡）不行。行也者，言其所行之□□□ 238

□□□□□□□義也。不袁（遠）不敬。袁（遠）心者也禮氣也。質近者□弗能□□ 239

□□敬之。袁（遠）者動敬心，作敬心者也。左雕（麿）而右飯之，未得敬□□□。 240

不敬不嚴。嚴猶廂。廂敬之責者也。不嚴不尊，嚴而笱（后）忌（己）尊。不尊不共（恭），共（恭）也者，□□ 241

敬下也。共（恭）而笱（后）禮也，有以膬　（體）氣也。不嚶（聰）不明。嚶（聰）也者聖之臧（藏）於耳者也。〔明也〕 242

者，知（智）之臧（藏）於目者也。嚶（聰），聖之始也。明，知（智）之始也。故曰：不嚶（聰）明則不聖知（智），聖知（智）必譣（由） 243

嚶（聰）明。聖始天，知（智）始人；聖爲崇，知（智）爲廣。不知（智）不仁。不知所愛則何愛？言 244

仁之乘知而行之。不仁不安。仁而能安，天道也。不安不樂。安也者言與 245

其膬（體）偕安也者也。安而笱（后）能樂。不樂无德。樂也者流膬（體），機然 246

忘寒，忘寒，德之至也。樂而笱（后）有悳（德）。 247

17

□□□□□□變變也者勉（勉）勉（勉）也，孫（遜）孫（遜）也，能行變者也。能行變者□□心說（悅），心□248

然后（后）顏色容貌溫以說（悅），變也。以其中心與人交，說（悅）也。教教□□□□□□249

□是□說（悅）己。人無說（悅）心也者，弗遷於兄弟也。遷於兄弟，感也。言遷其□□250

於兄弟而能相感也。兄弟不相耐（能）者，非无所用說（悅）心也，弗遷於兄弟也。感而251

信之，親也。言信其□也。搞（剒）而四體（體），予汝天下，弗爲也。搞（剒）汝兄弟，予汝天下，252

弗悉也。是信之已。信其□而后（后）能相親。親也而築（篤）之，愛也。築（篤）之者厚，厚親253

而后（后）能相愛也。愛父，其殺愛人，仁也，言愛父而后（后）及人也。愛父而殺其鄰□254

子，未可胃（謂）仁也。255

·中心辯焉而正行之，直也。有天下美飲食於此，許（吁）趾（嗟）而予之，中心弗悉也。惡256

許（吁）趾（嗟）而不受許（吁）趾（嗟）。正行之，直。直而遂之，迣。迣也者，遂直者，直者也，□貴□□257

□□□□□□□□迣迣也□弗〔畏〕強禦，果也。強禦者，勇力者，胃□□□□□258

□□□□□之以□□□，无介於心，果也。不以小道害大道，間也。間也者，不以小〔愛害259

大〕愛，不以小義害大義也。見其生也，不食其死也。然親執株（誅），間也。有大〔罪而〕260

大誅之，行也。无罪而殺人，有死弗爲之矣。然而大誅之者，知所以誅人之道而□261

焉，故胃（謂）之行。貴貴，〔其〕等尊賢，義也。貴貴者，貴眾貴也。賢賢，長長，親親，爵爵，譔（選）貴262

者无私焉。其等尊賢，義也。尊賢者，言等賢者也，言譔（選）賢者也，言足諸263

上位。此非以其貴也，此其義也。貴貴而不尊貴，未可胃（謂）義也。264

・以其外心與人交，袁（遠）也。外心者，非有它（他）心也。同之心也，而有胃（謂）外心也，而有胃（謂）中心。中〔心〕265

者，諑然者。外心者也，其㘌（願）諑然者也，言之心交袁（遠）者也。袁（遠）而莊之，敬也。敬也〔者〕，□266

□□□□□□□□嚴。嚴也者，敬之不解（懈）者，□之責（積）者也。是厭□□□□□□267

□□□□□□□之。有（又）從而畏忌之則夫間何繇（由）至乎才（哉）？是必尊矣。尊〔而不268

驕，恭〕也。言尊而不有□□已事君與師長者，弗畏（謂）共（恭）矣。故斯（廝）役人之道□□269

共（恭）焉。共（恭）生於尊者。〔恭而博交〕，禮也。伯者辯也，言其能柏，然笱（后）禮也。270

·未嘗聞君子道，〔謂之不〕聽（聰）。同之聞也，獨不色然於君子道，故胃（謂）之不聽（聰）。未 271

嘗見賢人胃（謂）之不明。同之見也，獨不色賢人，故胃（謂）之不明。聞君子道而不知其 272

君子道也，胃（謂）人胃（謂）之不聖。聞君子道而不色然，而不知其天之道也，胃（謂）之不聖。見賢 273

人而不知其有惪（德）也，〔謂〕之不知（智）。見賢人不色然，不知其所以爲之，故胃（謂）之不知（智）。聞而 274

知之，聖也。聞之而〔遂〕知其天之道也，聖也。見而知之，知（智）也。見之而遂知其所以爲 275

之，□□知也。明明，知□□也者，譹（由）所見知所不見也。赤（赫）赤（赫），聖貌也。□□言□□ 276

□□□□□□□□ "〔明〕明在下，赤（赫）赤（赫）在嘗（上）"，此之胃（謂）也。明者始在下，赤（赫）者始在嘗（上），□□ 277

□□□胃（謂）聖知（智）也。 278

·聞君子道，聽（聰）也。同之聞也，獨色然辯於君子道，道者聖之臧（藏）於耳者也。聞 279

而知之，聖也。聞之而〔遂〕知其天之道也，是聖矣。聖人知天之道。道者，所道也。知而行 280

之，義也。知君子之所道而搈然行之，義氣也。行之而時，惪（德）也。時者，和也。和也者惠 281

也。見賢人，明也。同〔之見〕也，獨色然辯於賢人，明也。明也者，知（智）之臧（藏）於目者。明則見賢 282

人,賢人而知之,曰:何居?孰休矤此而遂得之,是知(智)也。知而安之,仁也。知君子所道而〔諓〕,283

然安之者,仁氣〔也〕。行而敬之,禮也。既安之止矣,而有〈又〉秋(愀)秋(愀)然而敬之者,禮氣〔也〕。284

□□□□天道□〔仁〕義,禮樂所繇(由)生也,言禮樂之生於仁義□□□□285

□□□□□□□樂和者,有猷(猶)五聲之和也。樂者言其流膿(體)也,機〔然忘寒286

也。忘〕寒,悳(德)之至也。樂而笱(后)有悳(德),有悳(德)而國家與〈興〉,國家與〈興〉者,言天下之與〈興〉仁義也,言其□□287

樂也。"文王在尙(上),於昭於天",此之胃(謂)也,言大悳(德)備成矣。288

·見而知之,知(智)也。見者,□也。知(智)者言繇(由)所見知所不見也。知而安之,仁也。知君子所道289

而諓然安之者,〔仁〕氣也。安而行之,義也。既安之矣,而傲然行之,義氣也。行而敬290

之,禮也。既行之矣,〔又〕秋(愀)秋(愀)然敬之者,禮氣也。所安,所行,所敬,人道也。仁知(智),禮之所291

繇(由)生也。言禮〔智〕生於仁義〔也〕。四行之所和。言和仁義也。和則同。和者,有猶〔五〕292

聲之和也。同者□約也,與心若一也。言舍夫四也,而四者同於善心也。同,善之至也。同則善矣。293

□□□□□□□人行之大。大者人行之□然者也。世子曰：“人有恆道，達□□□。295

□□□。間也，間則行矣。”不匿，不辯於道。匿者，言人行小而軫者也。小而實大，大之 296

者也。世子曰：“知軫之爲軫也，斯公然得矣。”軫者多矣。公然者，心道也。有小罪而赦 297

之，匿也。有大罪而弗□誅，不行也。有小罪而弗赦，不辨於道也。間爲言猶衡也，大而炭 298

者。直之也。不周□四者，不辨於道也。有大罪而大誅之，間。匿爲言猶匿。匿小而 299

軫者。直之也。間，義之方也。匿，仁之方也。言仁義之用心之所以異也。義之盡，間 300

也。仁之盡，匿。大□加大者，大仁加仁小者。故義取間而仁取匿。詩員（云）：“不勮不〔誎〕，301

不剛不柔”，此之胃（謂）也。勮者強也，誎者急也，非強之也，非急之也，非剛之也，非柔之〔也〕，302

言无 所稱焉也。此之胃（謂）者，言仁義之和也。303

〔·君子集大成。成也〕者，猶造之也，猶具之也。大成也者，金聲玉辰（振）之也。唯金聲〔而玉 304

振之者〕，然笱（后）忌（己）仁而以人仁，忌（己）義而以人義。大成至矣，神耳矣，人以爲弗可爲□，305

□繇（由）至焉耳，而不然。能誰（進）之，爲君子，弗能進，各止於其里。能進端，能終端，306

則爲君子耳矣。弗〔能〕進，各各止於其里。不莊（藏）尤割（害）人，仁之理也。不受許（吁）䣂（嗟）者，307

義之理也。弗能進也，則各止於其里耳矣。終（充）其不莊（藏）尤割（害）人之心，而仁腹（覆）四海；308

終（充）其不受許（吁）䣂（嗟）之心，而義襄天下。仁復覆四海、義襄天下而成（誠），繇（由）其中心行之，309

亦君子已。大而炭〔者〕，能有取焉。大而炭也者，言義也，能有取焉也者，能行〔之。小〕310

而輇者，能有取焉。小而輇者，言仁也。能有取焉者也，能行之也。衡盧盧達〔於 311

君子道，謂之賢〕。衡盧盧也者，言其達於君子道也。能仁義而遂達於〔君子道〕，312

胃（謂）之賢也。君子知而舉之，胃（謂）之尊賢。君子知而舉之也者，猶堯之舉舜□□313

之舉伊尹也。舉之也者，成（誠）舉之也。知而弗舉，未可胃（謂）尊賢。君子從而士（事）之也〔者〕，314

猶顏子、子路之士（事）孔子也。士（事）之者，誠士（事）之也。知而弗士（事），未可胃（謂）尊賢也。前，王公之尊 315

賢者也，後，士之尊賢者也。直之也。316

· 耳目鼻口手足六者，心之役也。耳目也者，說（悅）聲色者也。鼻口者，說（悅）犫（臭）味者也。手足 317

者，說（悅）勶餘者也。〔心〕也者，說（悅）仁義者也。之數體（體）者皆有說（悅）也，而六者爲心役，何□？318

曰：心貴也。有天下之美聲色於此，不義則不聽弗視也。有天下之美犨（臭）味於〔此〕，319

不義則弗求弗食也。居而不間尊長者，不義則弗爲之矣，何居？曰：幾（豈）不□320

□□，〔小〕不勝大，賤不勝貴也哉？故曰：心之役也。耳目鼻口手足六者，人□□□321

膃（體）之小者也。心，人□□，人膃（體）之大者也，故曰君也。心曰雖（唯），莫敢不雖（唯）。心曰雖（唯），〔耳目〕322

鼻口手足音聲愙（貌）色皆雖（唯），是莫敢不雖（唯）也。若（諾）亦然，進亦然，退亦然。心曰深，〔莫〕323

敢不深。心曰淺，莫敢不淺。深者甚也，淺者不甚也。深淺有道矣。故父譚（呼），口□324

食則堵（吐）之，手執□則投〔之〕，雖（唯）而不若（諾），走而不趨，是莫敢不深也。於兄則不如 325

是其甚也，是美敢不淺也。和則同。和也者小膃（體）變（便）變（便）然不圍於心也，和於仁義。仁義心 326

同者，與心若一也，□約也，同於仁。仁義心也同則善耳。327

・目而知之，胃（謂）之進之。弗目也，目則知之矣。知之則進耳。目之也者，比之也。"天監〔在〕328

下，有命既雜"者也，天之監下也，雜命焉耳。遁（循）草木之生（性）則有生焉，而无 329

〔好惡。循〕禽獸之生（性），則有好惡焉，而无禮義焉。遁（循）人之生（性），則巍然〔知其好〕330

仁義也。不遁（循）其所以受命也，遁（循）之則得之矣。是目之已。故目萬物之性而□□331

獨有仁義也，進耳。"文王在上，於昭於天"，此之胃（謂）也。文王源耳目之生（性）而知其〔好〕332

聲色也，源鼻口之生（性）而知其好釁（臭）味也，源手足之生（性）而知其好勞餘也，源〔心〕333

之生（性）則巍然知其好仁義也。故執之而弗失，親之而弗離，故卓然見於天，箸於334

天下。無他焉，目也。故目人體（體）而知其莫貴於仁義也，進耳。335

·辟（譬）而知之，胃（謂）之進之。弗辟（譬）也，辟（譬）則知之矣，知之則進耳。辟（譬）丘之與山也，丘之所以不□336

名山者，不責（積）也。舜有仁，我亦有仁，而不如舜之仁，不責（積）也。舜有義，而我〔亦有337

義〕，而不如舜之義，不責（積）也。辟（譬）比之而知吾所以不如舜，進耳。榆（喻）而知之，胃（謂）之進〔之〕。338

弗榆（喻）也，榆（喻）則知之〔矣〕，知之則進耳。榆（喻）之也者，自所小好榆（喻）虖（乎）所大好。"茭（窈）芍（窕）〔淑女，寐〕339

昧（寐）求之"，思色也。"求之弗得，唔（寤）昧（寐）思伏"，言其急也。"繇（悠）才（哉）繇（悠）才（哉），婘槫（轉）反廁（側）"，言其甚□□。□340

如此其甚也，交諸父母之廁（側），爲諸？則有死弗爲之矣。交諸

兄弟之廟（側），亦弗爲也。交〔諸〕341

邦人之廟（側），亦弗爲也。〔畏〕父兄，其殺畏人，禮也。繇（由）色榆（喻）於禮，進耳。342

・鑯而知之，天也。鑯也者，齋數也。唯天天德者，然笱（后）鑯而知之。"上帝臨女（汝），毋澄（貳）343

璽（爾）心"。上帝臨女（汝），□鑯之也。毋澄（貳）璽（爾）心，俱鑯之也。344

・天生諸无〈其〉人，天也。天生諸其人也者，如文王者也。其人它（施）者（諸）人也者，如文王之它（施）者（諸）弘夭、散345

宜生也。其人它（施）者（諸）人，不得其人不爲法。言所它（施）之者，不得如散宜生、弘夭者也，則弗〔爲法〕346

矣。聞君子道而說（悅）者，好仁者也。道也者天道也。言好仁者之聞君子道而以之其347

仁也，故能說（悅）。說（悅）也者，刑（形）也。聞君子道而威（畏），好義。好義者也之聞君子道而以之其〔義也〕，348

故能威（畏）。威（畏）也者，刑（形）也。聞道而共（恭），好禮者也。言好禮者之聞君子道而以之其禮349

也，故能共（恭）。共（恭）者，刑（形）也。聞道而樂，有悳（德）者也。道也者，天道也，言好德者之聞君子350

道而以夫五也爲一也，故能樂。樂也者和，和者悳（德）也。351

竹帛《五行》篇校注

凡例：

一、　古佚書《五行》篇在本世紀末曾兩次出土，一次是一九七三年十二月長沙馬王堆三號漢墓出土的帛書，另一次是一九九三年十月荊門郭店楚墓出土的竹簡。馬王堆的帛書有兩種發佈的釋文，一是馬王堆漢墓帛書整理小組注釋、文物出版社一九七四年九月出版的《馬王堆漢墓帛書（壹）》之〈老子甲本卷後古佚書·一〉（簡稱七四本），一是國家文物局古文獻研究室注釋、文物出版社一九八○年三月出版的《馬王堆漢墓帛書（壹）》之〈老子甲本卷後古佚書·五行〉（簡稱八○本或帛本）。本書以"八○本"作底本，與荊門市博物館編釋、文物出版社一九九八年五月出版之《郭店楚墓竹簡·五行》（簡稱竹本）互校；原件釋文兩種，見前。

二、　依拙著《帛書五行篇研究》（齊魯書社一九八○年七月第一版、一九八八年八月第二版）舊例，解全文為 28 章，分別《經》《說》，標列序號，如〈經 10〉〈說 28〉等；更移《說》就《經》，以清眉目；《說》文牒《經》文句，以『 』號表示。

三、　凡竹本不同於帛本處，以（ ）號標明；帛本具有而竹本所無者，加〔 〕號示異；竹本獨有帛本所無、或帛本汗漫缺失而見於竹本者，以｛ ｝號列出。

四、　帛本已標明之通假字及增刪字，逕作釋文，不再迂回；其偶存之技術性錯誤，改正後加注說明。本書對帛本釋文所加之校補，以〈 〉號區別，所作之校改，則綴以〈 〉號，所除之衍誤，字外加口。

【經1】

{五行}①：

仁形於內，謂之德之行②；不形於內，謂之行③。

智（義）形於內，謂之德之行；不形於內，謂之行④。

義（禮）形於內，謂之德之行；不形於內，謂之行。

禮（智）形於內，謂之德之行；不形於內，謂之行。

聖形於內，謂之德之行；不形於內，謂之{德之}⑤行。

德之行五，和謂之德；四行和⑥，謂之善。善、人道也⑦；
德、天道也。

【注】

① "五行"：

行，heng 二聲，讀如珩。五行（wu heng）為"仁義禮智聖"，與金木水
火土之五行（wu xing）有別。仁義禮智聖之改為仁義禮智信，及其與金
木水火土的配搭，是西漢時事；五行（wu heng）亦以避文帝劉恒諱而改
稱五常。

② "仁形於內，謂之德之行"：

內，心中。

形，成形。

仁，在此被認為是一種無形的或形而上的天道；經人領悟而成形於人心，
是為"德之行（heng）"或一種德行（heng）。下四句同此。

又，〈經 28〉即最末一章之〈說〉文謂，仁形於內之形爲"悅"，義形於內之形爲"畏"，禮形於內之形爲"恭"。

③ "不形於內，謂之行"：

不形於內謂之行，謂若未經領悟而未能成形於心，只是體現於行動，則叫做"行（xing）"。

④ "智（義）形於內，謂之德之行；不形於內，謂之行"：

帛本以"仁智義禮聖"爲序，竹本作"仁義禮智聖"。查《管子·水地》九德爲"仁知義行潔勇精容辭"，《荀子·法行》七德爲"仁知義行勇情辭"，《禮記·聘義》十德爲"仁知義禮樂忠信天地德"，皆以"仁、知、義"相連；而竹本《五行》篇的具體論述次序則爲"仁義禮智"，《孟子》說四端亦爲"仁義禮智"，郭店楚簡他篇亦多"仁義"並稱。由此似可推知竹本〈經 1〉次序在先，帛本次序受到後來習慣影響。

⑤ "聖形於內，謂之德之行；不形於內，謂之 ｛德之｝行"：

帛本無"德之"二字。當依竹本補。蓋"聖"乃一種德行（heng），不是善行（xing）；只能形於內，不能"不形於內"。縱或有眾不能形聖德於內，亦無損其爲"德之行"；故曰"不形於內，謂之德之行"。

⑥ "四行和"：

四行（si xing），即上列的不形於內的仁義禮智四者。

⑦ "善、人道也"：

仁義禮智四行爲人道。參見《禮記·喪服四制》："恩者仁也，理者義也，節者禮也，權者智也：仁義禮智，人道具矣。"

【經 2】

君子無（亡）中心之憂則無（亡）中心之智①，無（亡）中心之智則無（亡）中心之悅②，無（亡）中心之悅則不安③，不安則不樂，不樂則無（亡）德④。

〔君子無中心之憂則無中心之聖⑤，無中心之聖則無中心之悅，無中心之悅則不安，不安則不樂，不樂則無德。⑥〕

【注】

① "君子無（亡）中心之憂則無（亡）中心之智"：

憂，非五行之一亦非四行之一，而是一種精神狀態，是五行四行的前提條件。《論語·述而》："子曰：不憤不啓，不悱不發"，《孟子·盡心上》："人之有德慧術智者，恒存乎疢疾。獨孤臣孽子，其操心也危，其慮患也深，故達"，皆有以憂爲智前提，無憂則無智之意。

② "無（亡）中心之智則無（亡）中心之悅"：

中心之悅，指形於內的仁。參見〈說 28〉說悅。

③ "無（亡）中心之悅則不安"：

安，心安理得。〈說 13〉曰："安也者，言與其體偕安也。"與其體，當指心與其體。

④ "不安則不樂，不樂則無（亡）德。"：

德始於憂，成於樂。

⑤ "君子無中心之憂則無中心之聖"：

《孟子·離婁下》："舜、人也，我、亦人也。舜爲法於天下，可傳於後世，我猶未免爲鄉人也，是則可憂也。憂之如何？如舜而已矣！"可視爲"無中心之憂則無中心之聖"之一解。

又，與帛書《五行》同卷之古佚書《德聖》篇有"知人道曰智，知天道曰聖"句，可知本章談"中心之智""中心之聖"，乃分論人道天道，總括上章之"四行""五行"者。

⑥竹本缺此節五句，當係誤奪，應據帛書補。

【經3】

五行皆形於（于）〔厥〕內①，{而}時行之，謂之君子。士有志於君子道②，謂之志士③。

【注】

①"五行皆形於（於）〔厥〕內"：

厥、其。

②"士有志於君子道"：

君子道，即天之道或天道，見〈說17〉"聞君子道而不知其君子道也"說。

③"謂之志士"：

士與君子，道德修養的兩種境界。《荀子·哀公》："人有五儀：有庸人，有士，有君子，有賢人，有大聖。"

又《荀子·修身》："好法而行，士也；篤志而體，君子也；齊明而不竭，聖人也。"

【經4】

善弗爲無（亡）近，德弗志不成，智弗思不得①。思｛不｝精（清）不察，思不長不〔得，思不輕不〕形②。不形〔則〕不安③，不安〔則〕不樂，不樂〔則〕無（亡）德。

【注】

①"善弗爲無（亡）近，德弗志不成，智弗思不得"：

善，仁義禮智四行之和。德，仁義禮智聖五行之和。善在爲，德須志（即心嚮往之）；爲與志，必先知之；知則賴於思。儒者以思爲人之五事之一，與貌言視聽並列；見《尚書·洪范》篇。

②"思｛不｝精（清）不察，思不長不〔得，思不輕不〕形"：

竹帛本"清""精"之異，以文義言，當從帛書作"精"。《孔叢子·說義》有云："且君子之慮多，多慮則意不精。以不精之意，察難知之人，宜其有失也。"亦不精則不察之義。

又，據〈經5、6〉，知思之精與察，指"仁"言；思之長與得，指"智"言；思之輕與形，指"聖"言。

③"不形〔則〕不安"：

不形，五行不形於內也。

【經 5】

不仁，思不能精（清）；不智，思不能長①。不仁不智②。
未見君子，憂心不能﹛惙惙，既見君子，心不﹜能悅③。
〔《詩》曰："未見君子，憂心惙惙。﹞亦既見之，亦
既觀之，我心則悅。"④此之謂也。

不仁，思不能精（清）；不聖，思不能輕。不仁不聖。
未見君子，憂心﹛不能忡忡﹜，既見君子，心不﹛能降﹜
⑤。

【注】

① "不智，思不能長"：

《淮南子·人間訓》有"愚人之思啜"句，高誘注："啜，短也。"亦
不智思不能長之義。

② "不仁不智"：

不仁不智，據〈說 10〉句法可推知，乃"不仁則不智"義。下段"不仁
不聖"同。

③ "未見君子，憂心不能﹛惙惙，既見君子，心不﹜能悅"

謂若未見君子時，並無中心之憂，則既見君子後，將亦無中心之悅。

④⑤《詩·召南·草蟲》之篇。詩曰："未見君子，憂心忡忡。亦既見
止，亦既觀止，我心則降"，"未見君子，憂心惙惙。亦既見止，亦既
觀止，我心則悅"。

【經6】

仁之思也精（清），精（清）則察，察則安，安則溫①，溫則｛悅，悅則戚，戚則親，親則｝不憂（愛）②，不憂（愛）則王（玉）色③，王（玉）色則形④，形則仁。

智之思也長，長則得，得則不忘，不忘則明，明則｛見賢人，見賢人則玉色，玉色｝則形，形則智⑤。

聖之思也輕⑥，輕則形，形則不忘，不忘則聰，聰則聞君子道，聞君子道則王言（玉音）⑦，王言（玉音）則｛形，形則｝聖⑧。

〔**【說6】**

『聖之思也輕』。思也者，思天也⑨；輕者尚矣⑩。

『輕則形』。形者，形其所思也。酉下子輕思〈思輕〉於翟，路人如斬；酉下子見其如斬也，路人如流。言其思之形也⑪。

『形則不忘』。不忘者，不忘其所□〈思〉也⑫，聖之結於心者也。

『不忘則聰』。聰者，聖之藏於耳者也⑬，猶孔子之聞輕者之鼓而得夏之盧也⑭。

『聰則聞君子道』。道者，天道也，聞君子道之志耳而知之也。

『聞君子道則玉音』。□□□□□□而美者也，聖者聞志耳而知其所以爲□者也。

『玉音則聖〈形〉⑮』。□□□□

『〈形則聖〉⑯』。□□□□聖。〕

【注】

① "安則溫":

溫,寬緩和柔也。參《論語·季氏》："色思溫。"《禮記·儒行》："溫良者,仁之本也。"又,竹本"溫"從心不從冫,意在強調其爲心態。

② "〔親則〕不憂(愛)":

不憂,當從竹本作"愛",〈經10〉"不悅不戚,不戚不親,不親不愛,不愛不仁"可證。

③ "不憂(愛)則王(玉)色":

玉色,《韓詩外傳·一》有云："古者天子入則撞蕤賓以冶容貌,容貌得則顏顏色齊,顏色齊則肌膚安。蕤賓有聲,鴠震馬鳴,及倮介之蟲,無不延頸以聽;在內者皆玉色,在外者皆金聲。"《尚書大傳》〈皋繇謨〉篇略同;又,〈洛誥〉篇有"見文武之屍者千七百七十三諸侯,皆莫不磬折玉音、金聲玉色"句。則玉色,溫而厲之色也。

④ "王(玉)色則形":

形,謂仁乃形於內也。

⑤ "明則〔見賢人,見賢人則玉色,玉色〕則形,形則智":

《文子·上仁》："知賢之謂智。"《孟子·盡心下》："智之與賢者也。"

⑥ "聖之思也輕"：

《禮記·中庸》所謂的"誠者，不勉而中，不思而得，從容中道，聖人也"及《荀子·不苟》："夫誠者，君子之所守也，而政事之本也。唯所居以其類至，操之則得之，舍之則失之 。操而得之則輕，輕則獨行；獨行而不舍，則濟矣。"可作"聖之思也輕"之解。

又，自此句始，〈經〉文有〈說〉。

⑦ "聞君子道則王言（玉音）"：

"王言"當從竹本作"玉音"，〈說〉文可證。《荀子·法行》："夫玉者……扣之，其聲清揚而遠聞，其止輟然。"《管子·水地》："夫玉……叩之，氣音清搏澈遠，純而不殺。"又，陳奐《詩毛氏傳疏》疏《白駒》"毋金玉爾音"曰："言賢者德音，如金如玉。"

⑧本章及前兩章皆以仁智聖並舉。智聖在此代表善、德即四行與五行或人道與天道（參〈經 2〉注 5 引《德聖》）；仁則代表六德即人倫道德。詳見本書《三重道德論》。

⑨ "思也者，思天也"：

天，指天道；思天，志於道也。

⑩ "輕者尚矣"：

尚，上也。《中庸》"誠者不勉而中，不思而得，從容中道，聖人也"，似可釋此處之"聖之思也輕"。

⑪ 本段含義不明。"七四本"曰："酉下子疑是柳下惠。" "八〇本"曰："斬流皆喻行止之態，《商君書·賞刑》述晉文公將明刑以親百姓，'三軍之士，止之如斬足，行之如流水'。"

⑫ "不忘其所□〈思〉也"：

思字以意補。

⑬ "聰者，聖之藏於耳者也"：

《書・洪範》："聽曰聰。"古佚書《德聖》："聖者，聲也。……其謂之聖者，取諸聲也。"《文子》："聞而知之，聖也。"（定縣漢簡 1193）《白虎通・聖人》："聖者，聲也。……聞聲知情。"又，郭沫若《卜辭通纂考釋・畋遊》："古聽、聲、聖乃一字。其字即作耴，從口耳會意。言口有所言，耳得之而爲聲，其得聲動作則爲聽。聖、聲、聽均後起之字也。聖從耴壬聲，僅於耴之初文符以聲符而已。"

⑭ "猶孔子之聞輕者之鼓而得夏之盧也"：

鼓，"七四本"釋擊。輕者，疑爲輕呂之誤，《逸周書・克殷》有"擊之以輕呂，斬之以黃鉞"句；輕呂，劍名。夏之盧，《吳越春秋・闔閭內傳》謂歐冶子造劍五枚，其一名湛盧，《越絕書・越絕外傳記寶劍》亦謂歐冶造寶劍五：一曰湛盧，二曰純鈎，三曰聲邪，四曰魚腸，五曰巨闕。《九域志》雲建州有湛爐山，昔湛王鑄劍其上，因以爲名。則夏之盧（爐）者，似可作夏地或夏王所鑄兵器解。查陶弘景《古今刀劍錄》有"夏禹子啓帝，在位十年，以庚戌八年鑄一銅劍，長三尺九寸；後藏之秦望山"等語，則夏之盧或爲夏啓劍歟？（以上據殷孟倫教授說）據此，孔子之聞輕呂之擊而得夏之盧，譽其聰也。"八〇本""疑輕讀爲磬，盧讀爲虡，虡是懸磬的架子"，亦可並存。

⑮⑯ "玉音則聖〈形〉""〈形則聖〉"

據〈經〉文改補。

【經 7】

"〔鳲鳩在桑，其子七兮。〕淑人君子，其宜（儀）一兮（也）。"①能爲一然後能爲君子，〔君子〕慎其獨也②。

〔"嬰嬰（燕燕）於飛，差池其羽。之子於歸，遠送於野。〕瞻望弗及，泣涕如雨。"③能差池其羽然後能至哀④，君子慎其獨也。

〔【說7】

『鳲鳩在桑』。直之〈也〉⑤。

『其子七也〈兮〉』。鳲鳩二子耳，曰七也，興言也⑥。

『□□□□〈淑人君子〉，其□□□〈儀一兮〉』。□〈淑〉人者□，□〈儀〉者義也。言其所以行之義之一心也⑦。

『能爲一然後能爲君子』。能爲一者，言能以多爲一；以多爲一也者，言能以夫五爲一也⑧。

『君子慎其獨』。慎其獨也者，言舍夫五而慎其心之謂□⑨。□〈獨〉然後一⑩，一也者，夫五〈夫〉爲□心也，然後德〈得〉之。一也，乃德已。德猶天也，天乃德已⑪。

『嬰嬰〈燕燕〉於飛，差池其羽』。嬰嬰〈燕燕〉，興也，言其相送海也⑫。方其化，不在其羽矣。

『"之子於歸，遠送於野。瞻望弗及，泣涕如雨。"能差池其羽然後能至哀』。言至也。差池者，言不在衰絰；

不在衰絰也，然後能至哀⑬。夫喪，正絰修領而哀殺矣⑭，言至內者之不在外也。

『是之謂獨』。獨也者，舍體也⑮。〕

【注】

① "〔鳲鳩在桑，其子七兮。〕淑人君子，其宜（儀）一兮（也）"：

《詩·曹風·鳲鳩》之篇。

② "〔君子〕慎其獨也"：

儒書屢言慎獨，所指不盡相同。《荀子·不苟》釋慎獨爲養心於誠；《禮記·大學》與之同，曰："誠於中，形於外，故君子必慎其獨也。"《禮記·中庸》則曰："是故君子戒慎乎其所不睹，恐懼乎其所不聞；莫見乎隱，莫顯乎微，是以君子慎其獨也。"《禮記·禮器》更謂："禮之以少爲貴者，以其內心也。德產之致也精微，天下之物無可稱其德者，如此則得不以少爲貴乎？是故君子慎其獨也。"本書所謂慎獨，詳見〈說〉文。

③ "嬰嬰（燕燕）於飛，差池其羽。之子於歸，遠送於野。〕瞻望弗及，泣涕如雨。"

《詩·邶風·燕燕》之篇。

④ "能差池其羽然後能至哀"：

差池，即參差，不齊貌。至哀指泣涕如雨。能參差其羽，不駐心於外貌，則能一心於哀。

⑤ ""『鳲鳩在桑』。直之〈也〉"：

鳲鳩，布穀鳥。直之也，〈說〉文屢見（〈說〉20、21），當係彼時訓詁術語，即文意自明、毋庸贅言之意。《孟子·滕文公上》有"不直則道不見，我且直之"句，直之謂直言。

⑥ "興言也" ：

興，《詩》六義之一，謂觸景生情，因事寄興。布穀鳥每二卵即孵，詩中云"其子七兮"者，非實錄，興也。

⑦⑧⑨《列女傳·魏芒慈母》："鳲鳩以一心養七子，君子以一義養萬物。一心可以事百君，百心不可以事一君。"《太平御覽》卷三七六人事部一七《心》引《子思子》曰："百心不可得一人，一心可得百人。"《晏子春秋·內篇問下》有"一心可以事百君，三心不可以事一君。"一心、爲一，皆慎獨義。本書所謂慎獨，特指"舍夫五而慎其心"、"以夫五爲一"；而"夫五"，即仁義禮智聖五行，"爲一"，即五行和而爲德之謂，故有"一也，乃德已"。

又，《說苑·反質》曾引"傳曰：鳲鳩之所以養七子者，一心也；君子之所以理萬物者，一儀也。以一儀理物，天心也。五者不離，合而爲一，謂之天心，在我能因，自深結其意於一。"其所謂之"五者不離合而爲一"，似取自《五行》篇此處。

⑩ "□〈獨〉然後一" ：

獨，以意補。

⑪ "一也者，夫五〈夫〉爲□心也，然後德〈得〉之。一也，乃德已。德猶天也，天乃德已"

《德聖》篇謂五行"和謂之德，其要謂之一，其愛（？）謂之天"，與此處說法正合。

⑫ "嬰嬰〈燕燕〉，興也，言其相送海也" ：

《詩小序》云："燕燕，衞莊送歸妾也。"托事於物，故曰興也。鄭玄曰："差池其羽，謂張舒其尾翼；興戴嬀將歸，顧視其衣服。"

又，"八〇本"曰：海讀爲晦，昏無所睹也。

⑬ "不在衰絰也，然後能至衰"：

衰絰，喪服。居喪之哀，不在衰絰，而在內心。

⑭ "正絰修領而哀殺矣"：

正絰修領，對喪服進行修飾。

殺，衰減。

⑮ "獨也者，舍體也"：

舍體，謂"舍其體而獨其心"（見下文〈說8〉）。

【經8】

君子之爲善也，有與始〔也〕，有與終也①。君子之爲德也②，有與始也，無與終也。

〔【說8】

『君子之爲善也，有與始有與終』。言與其體始與其體終也③。

『君子之爲德也，有與始無與終』。有與始者，言與其體始；無與終者，言舍其體而獨其心也。④〕

【注】

① "君子之爲善也,有與始〔也〕,有與終也":

爲善,善在爲,弗爲無近。(〈經4〉)

與,以也,據也。

② "君子之爲德也":

爲德,志於德也;德弗志不成。(〈經4〉)

③ "言與其體始與其體終也":

爲善之所據以始終者,身體;即爲善在身體力行。

④ "無與終者,言舍其體而獨其心也":

爲德在於志,即心嚮往之,故無時不能,無有止境,所謂無與終也。

【經9】

金聲而玉振之,有德者也。金聲,善也;王言(玉音)〈玉振〉,聖也。善,人道也;德,天道也。唯有德者然後能金聲而玉振之☒①。

〔【說9】

『金聲〈而玉振之〉』②。……

……□□□由德重③。善也者,有事焉者,可以剛柔多鉿為④。故〈曰〉善〈人道也〉⑤。

〈『德，天道也』。天道〉也者，已有弗為而美者也⑥。

『唯有德者然後能金聲而玉振之』。金聲而玉振之者，動□□□□形善於外，有德者之□。〕

【注】

① "金聲而玉振之，有德者也。金聲，善也；王言（玉音）〈玉振〉，聖也。善，人道也；德，天道也。唯有德者然後能金聲而玉振之"：

金聲玉振，王念孫《廣雅疏證》謂振、收也。古樂大合奏以鍾（金）聲始，以磬（玉）聲終，故曰金聲玉振。《孟子・萬章下》曰："孔子之謂集大成，集大成也者，金聲而玉振之也。金聲也者，始條理也；玉振之也者，終條理也。始條理者，智之事也；終條理者，聖之事也。"金聲譬如四行之為善，智之事（參〈經 6〉）；玉振譬如五行之志於德，聖之事（參〈經 6〉）；唯有德者然後能金聲而玉振之。

又，帛本"王言"竹本"玉音"，疑皆應作"玉振"。

② "『金聲〈而玉振之〉』"：

此處原件漫汗不清，多有闕失，"而玉振之"四字以〈說〉文格式補。

③ "……□□□由德重"：

此處文意難通，疑帛二二九－二三○行之間，兌去一或二行，說〈經〉文"有德者也。金聲，善也；玉振，聖也。善，人道也。"諸句。

④ "可以剛柔多鉛為"：

"八〇本"曰：銟讀爲合，融洽之義。

⑤"故〈曰〉善〈人道也〉"：

"曰""人道也"諸字，據〈經〉文補。

⑥"〈『德，天道也』。天道〉也者，已有弗爲而美者也"：

"德天道也天道"數字，據〈經〉文補。己有弗爲而美，謂"天施諸其人"者，非人力所得爲者（見〈經27〉）；與前段"善也者，有事焉者"之有爲對言。

【經 10】

不臀不悅①，不悅不戚，不戚不親，不親不愛，不愛不仁。

〔【說 10】

『不變不悅』。變也者，勉也，仁氣也。變而後能悅。

『不悅不戚②』。悅而後能戚所戚。

『不戚不親』。戚而後能親之。

『不親不愛』。親而後能愛之。

『不愛不仁』。愛而後仁。

□變者而後能悅仁〈人〉、戚仁〈人〉、親仁〈人〉、愛仁〈人〉，以於親戚亦可③。〕

【注】

① "不爕不悅"：

爕，"八〇本"據〈說〉文纅定爲變，竹本從之。按，定〈說〉文纅爲變，於義無解；宜定作戀、變、攣之省，思慕也，溫順也，眷念也。〈經6〉仁之思之"……溫則悅，悅則戚，戚則親，親則愛，愛則……仁"可參。

又，竹本移〈經13〉"不聰不明……"於此節前。

② "不悅不慼"：

慼，同戚，親近也。《詩·大雅·行葦》"戚戚兄弟"，鄭注："戚，內相親也。"孔疏："親其所親，起於內心，故言內相親也。"

按，從心者，強調其起於內心，與憂愁、悲傷的慼字有異。

③ "□變者而後能悅仁〈人〉、慼仁〈人〉、親仁〈人〉、愛仁〈人〉，以於親慼亦可"

諸"仁"字皆通"人"字，《易·繫辭下》"何以守位曰仁"，仁一作人；或，仁指有仁德之人，如《論語·雍也》"井有仁焉"句。

又，此處之溫－悅－戚－親－愛－仁，以及此後談義、禮條，皆可視爲孟子所謂仁義禮智自四端擴而充之之歷程，亦郭店楚簡所謂"道始於情"之例解。

【經11】

不直（悥）不迣①，不迣不果②，不果不簡（束）③，不簡（束）不行，不行不義。

〔【說11】

『不直不迣』。直也者，直其中心也，義氣也。直而後能迣。迣也者，終之者也；弗受於眾人，受之孟賁④，未迣也。

『不迣不果』。果也者，言其弗畏也，無介於心，□〈果〉也⑤。

『不果不間〈簡〉』。間〈簡〉也者，不以小害大，不以輕害重⑥。

『不間〈簡〉不行』。行也者，言其所行之□□□

〈『不行不義』。〉⑦□□□義也。〕

【注】

①"不直（悳）不迣"：

直，竹本從心，示中心之直，如〈說〉文所云。

"八〇本"曰：迣，疑讀為肆。《老子・德經》"直而不肆"，帛書甲本作"直而不絑"。《禮記・樂記》"肆直而慈愛"。

②"不迣不果"：

果，果敢。

③"不果不簡（束）"

簡，亦作間（〈說11、15、20〉），亦作束（竹本37簡）；簡、間、束皆有分別義。

④ "受之孟賁"：

孟賁，一名孟說，力士。《史記·秦本紀》稱："武王有力好戲，力士仁鄙、烏獲、孟說皆至大官。王與孟說舉鼎，絕臏。武王死，族孟說。"

又《史記·袁盎傳》索隱引《尸子》云："孟賁水行不避蛟龍，陸行不避兇虎。"

⑤ "□〈果〉也"：

果字據〈說15〉補。

⑥ "間〈簡〉也者，不以小害大，不以輕害重"：

〈說 20〉有曰"簡爲言，猶衡也"。衡，秤桿。"衡誠懸矣，則不可欺以輕重"（《荀子·禮論》），故此處云不以小害大，不以輕害重。

⑦ "〈『不行不義』〉"：

不行不義，據〈經〉文補。

【經 12】

不遠不敬，不敬不嚴，不嚴不尊，不尊不恭（共），不恭不（亡）｛禮｝。

〔【說 12】

『不遠不敬』。遠心也者，禮氣也①。質近者□弗能□□□□敬之②。遠者，動敬心，作敬心者也③。左桽而右飯之④，未得敬□□□。

『不敬不嚴』。嚴猶廠，廠，敬之責〈積〉者也⑤。

『不嚴不尊』。嚴而後忌（己）尊。

『不尊不恭』。恭也者，□□〈用上〉敬下也⑥。

『恭而後禮』也⑦，有以體〈禮〉氣也。〕

【注】

① "遠心也者，禮氣也"：

儒家主"樂由中出，禮自外作"，"樂也者，動於內者也；禮也者，動於外者也"（《禮記·樂記》）；"樂所以修內也，禮所以修外也"（《禮記·文王世子》）。禮自外作、動於外、以修外，"以其外心與人交，遠也"（〈經16〉），故曰遠，曰遠心。

② "質近者□弗能□□□□敬之"：

近則易狎，唯遠能敬。

③ "遠者，動敬心，作敬心者也"：

禮動於外、自外作，故曰動敬心、作敬心。

④ "左靡而右飯之"：

靡，"八〇本"疑爲鸛之異體，讀歡，飲食也。"七四本"釋作靡。今從"七四本"。靡，摩字省，俗作磨，揮斥也。左靡右飯，嗟來之食之謂。

⑤ "嚴猶廠，廠，敬之責〈積〉者也"：

廄，《說文》無廄字，有廏字。廏，嵓也；嵓，高貌。故曰敬之積。

⑥ "□□〈用上〉敬下也"：

用上二字，據《孟子》擬補。《孟子·萬章下》："用下敬上，謂之貴貴；用上敬下，謂之尊賢。"

⑦ "『恭而後禮』也"：

恭而後禮，即〈經〉文"不恭無禮"。

【經 13】

①不□□□{聰不明}，〔□□□□〈不聰明則〉不聖。〕不聖不智②，不智不仁，不仁不安，不安不樂，不樂無（亡）德。

〔【說 13】

『不聰不明』。聰也者，聖之藏於耳者也；明也者，智之藏於目者也。聰，聖之始也；明，智之始也③。故曰：

『不聰明則不聖智』。聖智必由聰明。聖始天，智始人④；聖爲崇，智爲廣。

『不智不仁』。不知所愛則何愛？言仁之乘知〈智〉而行之⑤。

『不仁不安』。仁而能安，天道也。

『不安不樂』。安也者，言與其體偕安也〈者也〉⑥，安而後能樂。

『不樂無德』。樂也者流體，機然忘寒〈塞〉⑦，忘寒〈塞〉，德之至也，樂而後有德。〕

【注】

① 竹本此條在〈經 9〉"金聲而玉振之……"與〈經 10〉"不變不悅……"之間，文曰"不聰不明，不聖不智，不智不仁，不仁不安，不安不樂，不樂亡德"。此處所據爲帛本順序和文字。

② "不□□□｛聰不明｝，〔□□□□〈不聰明則〉不聖。〕不聖不智"

若據〈說〉文，則此處當爲"不聰不明，不聰明則不聖智"。

③ "聰也者，聖之藏於耳者也；明也者，智之藏於目者也。聰，聖之始也；明，智之始也"：

聞聲知情曰聰；自知自見曰明。

又，《文子·道德》："聞而知之，聖也；見而知之，智也。故聖人常聞禍福所生而擇其道，智者常見禍福成形而擇其行；聖人知天道吉凶，故知禍福所生，智者先見成形，故知禍福之門。聞未生，聖也；先見成形，智也；無聞見者，愚迷也。"（參見定縣漢簡《文子》第 0896、1193、0803、1200、0765、0834、0711 簡）

④ "聖智必由聰明。聖始天，智始人"：

古佚書《德聖》有曰：“知人道曰智，知天道曰聖”。

又，古人每以聖智對舉，如《國語‧楚語》“其（巫）智慧上下比義，其聖能光遠宣朗”，《老子》“絕聖棄智，民利百倍”，《周髀算經》“知地者智，知天者聖”。

⑤ “言仁之乘知〈智〉而行之”：

乘，因也。《說苑‧建本》：“子思曰：故魚乘於水，鳥乘於風，草木乘於時”。仁之乘智，當亦類此。

⑥ “安也者，言與其體偕安也〈者也〉”：

安，主要指心安，〈經2〉所謂有中心之悅而後安。心安則體能安，故曰，與其體偕安。

又，者也，誤出。

⑦ “樂也者流體，機然忘寒〈塞〉”：

忘寒，忘即亡，中心之亡，心為形符。寒，疑為塞之誤。樂也者流體，故亡塞。

【經14】

①顏色容貌□□ ｛溫變｝也②，以其中心與人交，悅也。中心悅焉，遷于兄弟，戚也。戚而信之③，親〔也〕。親而篤之，愛也。愛父，其繼（攸）愛人④，仁也⑤。

〔【說14】

『□□□□〈顏色容貌〉變變也』⑥。變變者，勉勉也，遜遜也，能行變者也。能行變者，□□心悅，心□〈悅〉然後顏色容貌溫，以悅變也。

『以其中心與人交悅也』。殼殼□□□

『□□□□〈中心悅焉〉』⑦。是□悅已。人無悅心也者，弗遷於兄弟也。

『遷於兄弟，慼也』。言遷其□□〈悅心〉於兄弟而能相慼也⑧。兄弟不相能者，非無所用悅心也，弗遷於兄弟也。

『慼而信之，親也』。言信其□〈體〉也⑨。剮而〈爾〉四體，予汝天下，弗爲也。剮汝兄弟，予汝天下，弗悆〈迷〉也⑩；是信之已。信其□〈體〉而後能相親也。

『親而篤之，愛也』。篤之者厚，厚親而後能相愛也。

『愛父，其殺愛人，仁也』。言愛父而後及人也。愛父而殺其鄰□〈之〉子⑪，未可謂仁也。〕

【注】

①帛本此條及下二條（即〈經15、16〉），在〈經19〉"見而知之……"與〈經20〉"不柬不行……"之間。

②"顏色容貌□□{溫變}也"：

帛本此處爛脫二字，據〈說〉文，當爲"變變"。竹本此處無缺，乃"溫

53

變"二字，從之。

③ "戚而信之"：

信（shen），通伸。

④ "愛父，其繼（攸）愛人"：

繼，"七四本"定爲慈，〈說〉文作殺，皆"次"義。竹本作攸，無解，疑誤。

⑤ 本章釋〈經 10〉

⑥ "『□□□□〈顏色容貌〉變變也』"：

顏色容貌，據〈經〉文補。

變變，參〈經 10〉〈注 1〉。

⑦ "『□□□□〈中心悅焉〉』"

"八〇本"定"殼"後"是"前缺七字。查此處係〈經〉文"以其中心與人交，悅也"與"中心悅焉"之〈說〉，七字勢難說明；疑圖版二四九－二五〇行間，或殘奪一行。

又，殼殼，愨愨省，誠篤忠厚也。

⑧ "言遷其□□〈悅心〉於兄弟而能相感也"：

悅心，以意補。

⑨ "言信其□〈體〉也"：

體字據下句"信其體"補；下句則據圖版及文意補。

⑩ "弗悉〈迷〉也"：

悉，即迷；從心不從辵，強調其爲心態而非行爲。"八〇本"釋悉，讀爲屑。

⑪ "愛父而殺其鄰□〈之〉子"：

殺，減少、降等。《禮記·文王世子》："其族食世降一等，親親之殺也。"愛父而後及人，所謂親親而仁民也。愛父而殺其鄰之子，謂愛父之情減於愛鄰子之情，未可謂仁。

【經 15】

中心辯〈辨〉焉（然）而正行之，直也。直而□□□｛遂之，逴｝也。□□｛逴而｝不畏強圉①，果也。不以小道害（淩）大道，簡（柬）也。有大罪而大誅之，行也。貴貴其等尊賢，義｛也｝②。

〔【說 15】

『中心辯(辨)焉而正行之，直也』。有天下美飲食於此，吁嗟而予之③，中心弗悉〈迷〉也。惡吁嗟而不受吁嗟，正行之，直也。

『直而遂之，逴也』。逴者，遂直者也④。直者，□貴□□□□□□□□□□□也。

『逴□〈而〉弗畏強禦，果也』。強禦者，勇力者〈也〉，謂□□□□□□□□之以□□□，無介於心，果也。

『不以小道害大道，間〈簡〉也』。間〈簡〉也者，不以小愛害大愛，不以小義害大義也。見其生也，不食其死也，然親執誅，間〈簡〉也⑤。

『有大罪而大誅之，行也』。無罪而殺人，有死弗爲之矣；然而大誅之者，知所以誅人之道而□〈行〉焉⑥，故謂之行。

『貴貴，其等尊賢，義也』⑦。 "貴貴"者，貴眾貴也。賢賢，長長，親親，爵爵，選貴者無私焉⑧。 "其等尊賢，義也"，尊賢者，言等賢者也⑨，言選賢者也，言足〈屬〉諸上位⑩。此非以其貴也，此其義也。貴貴而不尊賢，未可謂義也。〕

【注】

① "□□〔迣而〕不畏強圉"：

強圉，亦作強禦，強暴有勢力。《詩·大雅·蒸民》： "人亦有言，柔則茹之，剛則吐之。維仲山甫，柔亦不茹，剛亦不吐；不侮矜寡，不畏強禦。"

②本章釋〈經 11〉。

③ "吁嗟而予之"：

所謂 "嗟來之食也"。《禮記·檀弓下》： "齊大饑，黔敖爲食於路，以待餓者而食之。有餓者蒙袂輯屨，貿貿然來。黔敖左奉食右執飲曰：

'嗟！來食。'揚其目而視之曰：'予唯不食嗟來之食，以至於斯也。'從而謝焉。終不食而死。"

④ "迡者，遂直者也"；

遂，終也。

⑤ "見其生也，不食其死也，然親執誅，間〈簡〉也"：

君子雖有見其（牛羊等）生不食其死之戒，然仍親自執法誅除罪犯。此之謂不以小愛害大愛，不以小義害大義；此之謂簡。

《大戴禮記·小辨》："子曰：辨而不小。夫小辨破言，小言破義，小義破道；道小不通，通道必簡。……夫道不簡不行，不行則不樂。"則簡，大而有當也。

⑥ "知所以誅人之道而□〈行〉焉"：

行字以意補。

⑦ "『貴貴，其等尊賢，義也』"：

《孟子·萬章下》："用下敬上，謂之貴貴；用上敬下，謂之尊賢。貴貴尊賢，其義一也。"

⑧ "貴貴者，貴眾貴也。賢賢，長長，親親，爵爵，選貴者無私焉"：

貴者有多種，賢、長、親、爵，皆為貴者，斯謂"眾貴"。《荀子·大略》："貴貴，尊尊，賢賢，老老，長長，義之倫也。"

⑨ "尊賢者，言等賢者也"：

等尊賢，賢者有高下，依其等而尊之，曰"等尊賢"。《禮記·中庸》："仁者，人也，親親為大。義者，宜也，尊賢為大。親親之殺，尊賢之等，禮所生也。”

⑩ “言足〈屬〉諸上位”：

足，“八○本”讀爲屬。屬諸上位，即置諸上位、加諸上位。《孟子·萬章下》：“堯之於舜也……舉而加諸上位。故曰：王公之尊賢者也。”

【經16】

以其外心與人交，遠也。遠而莊之，敬也。敬而不懈，嚴｛也｝。嚴而威（畏）之，尊也。尊而不驕，恭也。恭而博交，禮也①。

〔【說16】

『以其外心與人交，遠也』②。外心者，非有他心也。同之〈此〉心也，而有謂外心也，而有謂中心。中心者，諓然者也③；外心者，其嚚諁〈廓〉然者也④，言之〈此〉心交遠者也。

『遠而莊之，敬也』。敬者，□□□□□

『□□□□〈敬而不懈〉⑤，嚴也』。嚴者，敬之不懈者，□之積者也，是厭□□□□□□

『□□□□□□〈嚴而威之，尊也〉⑥』。□之又從而畏忌之，則夫閒何由至乎哉⑦?是必尊矣。

『尊而不驕，恭也』。言尊而不有□□已事君與師長者，弗謂恭矣。故廝役人之道□□恭焉⑧。恭生於尊者。

『恭而博交，禮也』。伯〈博〉者，辯也⑨，言其能柏⑩，然後禮也。〕

【注】

①本章釋〈經12〉。

②"『以其外心與人交，遠也』"：

參〈說12〉〈注1〉。

③"中心者，諛然者也"：

諛，讀爲婾，《說文》："婾，好貌。"

④"外心者，其冒諑〈廓〉然者也"：

《說文》："冒，目圍也。讀若書卷之卷，居倦切。"又，冒，或假作嫚，《廣雅・釋訓》："嫚，容也。""八〇本"讀爲願，未詳所據。

又，廓然，開朗貌。

⑤"『□□□□〈敬而不懈〉"：

據〈經〉文補。

⑥"『□□□□□□〈嚴而威之，尊也〉"：

據〈經〉文補。

⑦ "□之又從而畏忌之，則夫間何由至乎哉" ：

間，簡慢。

⑧ "故廝役人之道□□恭焉" ：

廝役人，執勞役供驅使者。

⑨ "伯〈博〉者，辯也" ：

辯，通遍。《儀禮·鄉飲酒禮》"眾賓辯有脯醢"，鄭注："今文辯皆作遍。"

⑩ "言其能柏" ：

"七四本"注："按柏當爲白。《春秋元命苞》：'伯之言白，明白於德。'""八〇本"注："伯、柏、博，疑皆讀爲泊。澹泊亦即恬靜之義。"似皆與"禮"義不洽。疑博、伯、柏皆釋爲遍。

【經17】

未嘗聞君子道，謂之不聰；未嘗見賢人，謂之不明。聞君子道而不知其君子道也，謂之不聖；見賢人而不知其有德也，謂之不智。

見而知之，智也；聞而知之，聖也。明明，智也；赫赫，聖｛也｝。"明明在下，赫赫在上"①，此之謂也②。

〔【說 17】

『未嘗聞君子道，謂之不聰』。同之〈此〉聞也③，獨不色然於君子道④，故謂之不聰。

『未嘗見賢人，謂之不明』。同之〈此〉見也，獨不色賢人，故謂之不明。

『聞君子道而不知其君子道也，<u>謂人</u>謂之不聖』⑤。聞君子道而不色然，而不知其天之道也，謂之不聖。

『見賢人而不知其有德也，謂之不智』。見賢人而不色然，不知其所以爲之，故謂之不智。

『聞而知之，聖也』。聞之而遂知其天之道也，聖也。

『見而知之，智也』。見之而遂知其所以爲之，□□知〈智〉也。

『明明，知〈智〉□□〈也』。智〉也者⑥，由所見知所不見也⑦。

『赫赫，聖貌也』。□□言□□□□□□□□□

『明明在下，赫赫在上，此之謂也。』明者始在下，赫者始在上，□□□□□謂聖智也。〕

【注】

① "明明在下，赫赫在上"：

《詩·大雅·大明》之篇。

又，《莊子·田子方》有"至陰肅肅，至陽赫赫，肅肅出乎天，赫赫發乎地；兩者交通成和而物生焉，或爲之紀而莫見其形。"肅肅當即明明，出乎天而爲至陰而在下者，赫赫發乎地而爲至陽而在上，此所以交通成和也。

② 本章釋〈經13〉。

③ "同之〈此〉聞也"：

之，讀爲此。下"同之見也"同。

④ "獨不色然於君子道"：

《說文》："色，顏氣也。"又，《公羊哀公六年》"諸大夫見之，皆色然而駭"，《釋文》曰："色然，本又作垍，居委反，驚駭貌；又或作危。"

又，《呂氏春秋·謹聽》有"見賢者而不聳，則不惕於心，則知之不深"句，聳者，色然也，危然也。

⑤『聞君子道而不知其君子道也，謂人謂之不聖』：

謂人，衍誤。

⑥ "『明明，知〈智〉□□〈也〉。智』也者"：

以意補。

⑦ "由所見知所不見也"：

所見，現象；所不見，本質。如見賢人而知其所以爲賢人。

【經 18】

聞君子道，聰也。聞而知之，聖也；聖人知天道 { 也 }。知而行之，聖（義）也①。行□□□□□ { 之而時，德也 }。

□□□□□ { 見賢人，明也 }。見而知之，智也，知而安之，仁也。安而敬之，禮也。

□□□□□□□□□ { 聖智，禮樂之所由生也，五□□□□□〈行之所和〉也 }②。□ { 和 } 則樂，樂則有德，有德則國（邦）家興。□□□□□ { 文王之見也如此 }。〔《詩》曰：〕 "文王在上，於昭於天。" ③此之謂也④。

〔【說 18】

『聞君子道，聰也』。同之〈此〉聞也，獨色然辯〈辨〉於君子道，道者〈聰也。聰也者〉⑤，聖之藏於耳者也。

『聞而知之，聖也』。聞之而遂知其天之道也⑥，是聖矣。

『聖人知天之道』。道者，所道也。

『知而行之，義也』。知君子之所道而掾〈愻〉然行之⑦，義氣也。

『行之而時，德也』。時者，和也；和也者，惠〈德〉也⑧。

『見賢人，明也』。同之〈此〉見也，獨色然辯〈辨〉於賢人，明也。明也者，智之藏於目者；明則見賢人。

『賢人〈見〉而知之，〈智也〉』⑨。曰：何居⑩？孰休烝此而遂得之，是智也。

『知〈智〉而安之，仁也』。知君子所道而諛然安之者，仁氣也。

『行〈安〉而敬之⑪，禮也』。既安止〈之〉矣⑫，而又愀愀然而敬之者⑬，禮氣也。□□□□天道□

『仁義，禮樂所由生也』。言禮樂之生於仁義□□□□□□□

『□□□□□□〈五行之所和，和則〉樂』⑭。和者，有猶五聲之和也。樂者，言其流體也，機然忘寒〈塞〉也。忘寒〈塞〉，德之至也。

『樂而後有德，有德而國家興』。國家興者，言天下之興仁義也，言其□□樂也。

『"文王在上，於昭於天"，此之謂也』。言大德備成矣。⑮〕

【注】

①"知而行之，聖（義）也"：

64

帛本〈經〉文作"聖也"，〈說〉文作"義也"。竹本作"義也"。以意推之　，義也是。

②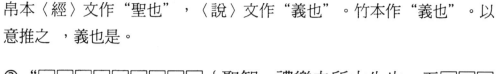

帛本此處約爛脫十四字。據〈說〉文，可補"仁義禮樂所由生也□□□□□□"數字。據竹本，則應補爲"聖智禮樂之所由生也五□□□□也和"。參照〈說 19〉，則竹本所缺四字可補爲"行之所和"。依文意度之，當以竹本爲是，即此處全文爲：聖智，禮樂之所由生也，五行之所和也。和則樂……

又，竹本〈經 9〉以後的順序爲：〈經 13〉談聖智、〈經 10〉談仁、〈經 11〉談義、〈經 12〉談禮，然後是〈經 17〉再總談聖智、〈經 18〉談五行之和、〈經 19〉談四行之和、〈經 14〉談仁、〈經 15〉談義、〈經 16〉談禮。此後是〈經 20〉，與帛本次序複同。

帛本〈經 9〉以後的順序爲：〈經 10〉談仁、〈經 11〉談義、〈經 12〉談禮、〈經 13〉談聖智，然後是〈經 14〉〈經 15〉〈經 16〉〈經 17〉再談仁義禮與聖智、〈經 18〉〈經 19〉談五行、四行之和。與此相應，竹本故有"聖智，禮樂之所由生也"之說，而帛本則作"仁義，禮樂所由生也"。

③ "文王在上，於昭於天。"：

《詩·大雅·文王》之篇。

④ 本章釋〈經 13〉。

⑤ "道者〈聰也。聰也者〉"：

道者，應爲"聰〔二〕也〔二〕者"（讀爲"聰也。聰也者"）之誤。蓋道非聖之藏於耳者；聖之藏於耳者，聰也。〈說 13〉"聰也者，聖之藏於耳者也"可證。

⑥ "聞之而遂知其天之道也"：

其，指君子道。

⑦ "知君子之所道而捷〈懲〉然行之"：

〈說 19〉有"偛然行之，義氣也"，知偛讀爲捷，唯偛，字書無，疑假爲懲。《廣韻》"懲，敕也；音剔。"《釋名》："敕，飭也，使自警惕，不敢廢慢也。"

⑧ "『行之而時，德也』。時者，和也；和也者，惠〈德〉也"：

惠爲德之誤釋。又，本行兩德字，或皆爲樂之誤。

⑨ "『賢人〈見〉而知之，〈智也〉』"：

賢人涉上文誤重，應爲見字，〈經〉文可證。智也，據〈經〉文增補。

⑩ "曰：何居"：

"八〇本"注："何居即何故，齊魯間方言。"

⑪ "行〈安〉而敬之"：

本句首字殘。"八〇本"定爲行字，非是。以〈經〉文推知爲安。

"八〇本"於止字漏加錯字符號，而成"既安止之矣"。

⑬ "而又愀愀然而敬之者"：

愀，謹也。《禮記·哀公問》："孔子愀然作色而對。"

⑭ "『□□□□□□□〈五行之所和，和則〉樂』"：

參本節〈注2〉。

⑮ 本章之邏輯爲：

聞君子道──聰──聖──義──德（樂）↘

　　　　　　　　　　　　　　　　　五行和

見賢人──明──智──仁──禮　　↗

【經19】

見而知之，智也。知而｛安｝之①，仁也。安而行之，義也。行而敬之，｛禮｝也。

仁義，禮〔智〕之所由生也②。四行之所和｛也｝，和則同，同則善。

〔【說19】

『見而知之，智也』③。見者，□也；智者，言由所見知所不見也。

『知而安之，仁也』。知君子所道而謏然安之者，仁氣也。

『安而行之，義也』。既安之矣，而俶然行之，義氣也。

『行而敬之，禮也』。既行之矣，又愀愀然敬之者，禮氣也。

所安、所行、所敬，人道也。

『仁知〈義〉，禮之所由生也』。言禮智〈之〉生於仁義也④。

『四行之所和』。言和仁義也⑤。

『和則同』。和者，有猶五聲之和也。同者，□約也，與心若一也，言舍夫四也，而四者同於善心也⑥。同，善之至也。

『同則善矣』。□⑦□□□□□人行之大，大者，人行之□然者也。世子曰⑧："人有恒道，達□□□。"〕

【注】

① "知而〔安〕之"：

帛本漏寫安字，據〈說〉文及竹本補。

② "仁義，禮〔智〕之所由生也"：

此句帛本〈經〉文作"仁義禮知之所由生也"，〈說〉文作"仁知禮之所由生也，言禮□生於仁義□"。竹本作"仁義禮所由生也"。細勘諸文，知帛本〈經〉文"知"字誤衍，〈說〉文"知"乃"義"之誤。原文當如帛本〈說〉文"言禮□〈之〉生於仁義□"及竹本"仁義禮所由生也"所云，爲：仁義，禮之所由生也。

③ "『見而知之，智也』"：

《德聖》篇有“知人道曰智”句，知此處所見所知者，人道也。

④ “言禮智〈之〉生於仁義也”：

參見本章〈注2〉。

⑤ “言和仁義也”：

和仁義，據〈說22〉末段，即和於仁義。

⑥ “言舍夫四也，而四者同於善心也”：

夫四、四者，指仁義禮智四行。舍夫四，謂四者和而爲一；〈經1〉云：“四行和，謂之善”，故曰同於善心也。

⑦ 帛本以此下至章末屬下章，誤。

⑧ “世子曰”：

世子，《漢書・藝文志》儒家類：“《世子》二十一篇，名碩，陳人也，七十子之弟子。”《論衡・本性篇》：“周人世碩，以爲人性有善有惡，舉人之善性養而致之則善長，惡性養而致之則惡長。如此，則性各有陰陽善惡，在所善焉。故世子作《養書》一篇。”

【經20】

不簡（柬），不行；不匿，不辯〈辨〉於道①。有大罪而大誅之，簡（柬）﹛也﹜；有小罪而赦之，匿也。有大罪﹛而﹜弗﹛大﹜誅﹛也﹜，不行﹛也﹜；有小罪而弗赦﹛也﹜，不辯〈辨〉於道﹛也﹜。

簡（柬）之爲言﹝也﹞，猶賀（練）﹛也﹜②，大而罕（晏）

者﹝也﹞。匿之爲言也，猶匿匿﹝也﹞③，小而軫者﹝也﹞④。簡（柬），義之方也⑤；匿，仁之方也。剛，義之方〔也〕；柔，仁之方也。

〔《詩》曰：〕"不勮不救，不剛不柔。"⑥此之謂也。

〔【說 20】

□□□□〈『不簡不行』〉⑦。間〈簡〉也⑧，間〈簡〉則行矣。

『不匿，不辯〈辨〉於道』。匿者，言人行小而軫者也。小而實大，大之□者也。世子曰："知軫之爲軫也，斯公然得矣。"軫者，多矣〈也〉；公然者，心道也。不周□四〈於匿〉者⑨，不辨於道也。

『有大罪而大誅之，間〈簡〉⑩；有小罪而赦之，匿也。有大罪而弗□〈大〉誅，不行也。有小罪而弗赦，不辨於道也。間〈簡〉爲言，猶衡也，大而炭〈罕〉者』⑪。直之也⑫。

『匿爲言也，猶匿匿〈慝〉，小而軫者』。直之也。

『間〈簡〉，義之方也；匿，仁之方也』。言仁義之用心之所以異也。義之盡，間〈簡〉也；仁之盡，匿。大□〈義〉加大者，大仁加圓小者⑬，故義取間〈簡〉而仁取匿。

『《詩》云："不勮不詋，不剛不柔。" 此之謂也』。勮者強也，詋者急也。非強之也，非急之也，非剛之也，非柔之也，言無所稱〈爭〉焉也⑭。此之謂者，言仁義之和也。〕

【注】

① "不簡（柬），不行；不匿，不辯〈辨〉於道"：

簡，大而罕者；匿，小而軫（多也）者。不簡，不知其簡，有大罪而弗大誅之也。不匿，不知其匿，有小罪而弗赦之也。

② "簡（柬）之為言〔也〕，猶賀（練）｛也｝"：

〈說〉文謂"簡為言，猶衡也"，知此處"賀"假為衡。

又，竹本作"柬之為言也，猶練也"，"練"當係"諫"之手誤。《左傳成公八年》引《詩》曰"是用大簡"，今本《詩·大雅·板》作"是用大諫"。柬猶諫，有如下段匿猶慝。

③ "猶匿匿｛也｝"：

後匿字通慝（te），邪惡也。《荀子·樂論》：亂世"文章匿而采"。

④ "小而軫者｛也｝"：

軫，輿也。鄭玄注《考工記》："軫，輿後橫木崇高也。"與此處文意不洽。疑軫乃縝或紾之誤，縝，紛而眾也。

⑤ "簡（柬），義之方也"：

方，道也，術也。

⑥ "不勮不誅，不剛不柔"：

不競不綝，不剛不柔，《詩·商頌·長髮》之篇。

⑦ "□□□□〈『不簡不行』〉"：

據〈經〉文補。

⑧ "間〈簡〉也"：

簡也，謂知其簡（大而罕）而簡之（有大罪而大誅之）。

⑨ "不周□四〈於匿〉者"：

於匿，帛本釋爲"□四"，據文意及圖版改。

⑩ 自上段"不周□"至此，凡十八字，帛書誤鈔於 298 行"直之也"即（11）下，茲據文意移正。

⑪ "大而炭〈罕〉者"：

炭，"七四本"疑借爲岸，高也。"八〇本"疑讀爲顯。今依〈經〉文作罕。《說文》："罕，網也。"引申爲稀疏。

⑫ "直之也"：

直之也，見〈說 7〉〈注 5〉。

⑬ "大□〈義〉加大者，大仁加曰小者"：

依淺野裕一 1985 年校釋本（載日本島根大學《教育學部紀要（人文·社會科學）》第十九卷）刪補。

⑭ "言無所稱〈爭〉焉也"：

稱應作爭。圖版爲爭字，"七四版"釋爲爭，"八〇本"誤釋爲稱。無所爭者，非強之非急之、非剛克非柔克也。

【經21】

君子集大成。能進之，爲君子，不（弗）能進｛也｝，各止於其裏。大而罕（晏）者，能有取焉；小而軫者，能有取焉。索纑纑（匹膚膚）達於（者）君子道①，謂之賢。君子知而舉之，謂之尊賢，〔君子從〕｛知｝而事之，謂之尊賢｛者也｝。〔前，王公之尊賢者也，〕後，士之尊賢者也②。

〔【說21】

『君子集大成』。成也者，猶造之也，猶具之也③。大成也者，金聲玉振之也④。唯金聲而玉振之者，然後己仁而以人仁⑤，己義而以人義。大成至矣，神耳矣！人以爲弗可爲□〈也〉，□〈無〉由至焉耳⑥，而不然。

『能進之，爲君子，弗能進，各止於其裏』。能進端，能終〈充〉端⑦，則爲君子耳矣。弗能進，各各止於其裏⑧。不藏尤〈欲〉害人⑨，仁之理也；不受吁嗟者，義之理也⑩。弗能進也，則各止於其裏耳矣。充其不藏尤〈欲〉害人之心，而仁覆四海；終充其不受吁嗟之心，而義襄天下。仁覆四海，義襄天下，而成〈誠〉由其中心行之⑪，亦君子已！

『大而炭〈罕〉者，能有取焉』。大而炭〈罕〉也者，言義也；能有取焉也者，能行之〈也〉。

『小而軫者，能有取焉』。小而軫者，言仁也；能有取焉者也，能行之也。

『衡〈索〉盧盧達於君子道，謂之賢』。衡〈索〉盧盧也者，言其達於君子道也。能仁義而遂達於君子道，謂之賢也。

『君子知而舉之，謂之尊賢』。君子知而舉之也者，猶堯之舉舜，□□〈商湯〉之舉伊尹也⑫。舉之也者，誠舉之也。知而弗舉，未可謂尊賢。

『君子從而事之』也者，猶顏子、子路之事孔子也。事之者，誠事之也。知而弗事，未可謂尊賢也。

『前，王公之尊賢者也；後，士之尊賢者也』。直之也。〕

【注】

① "索繻繻（匹膚膚）達於（者）君子道"：

索繻繻，《呂氏春秋·尊師》："索盧參，東方之鉅狡也，學於禽滑黎。……刑戮死辱之人也，今非徒免於刑戮死辱，由此為天下名士顯人，以終其壽，王公大人從而禮之。"此索繻繻疑即由鉅狡達於君子道的索盧參。

② "〔前，王公之尊賢者也，〕後，士之尊賢者也"：

《孟子·萬章下》：“晉平公之於亥唐也……弗與共天位也，弗與治天職也，弗與食天祿也：士之尊賢者也，非王公之尊賢者也。”“堯之於舜也，使其子九男事之，二女女焉，百官牛羊倉廩備，以養舜於畎畝之中，後舉而加諸上位。故曰，王公之尊賢者也。”

③“成也者，猶造之也，猶具之也”：

造，始也，《書·伊訓》“造攻自鳴條”注。

具，備也。猶造之也猶具之也，即下文之“能進端、能終端”義。

④“大成也者，金聲玉振之也”：　‵

既造且具的成也者，如伊尹、伯夷、柳下惠，皆得聖之一體；金聲玉振的大成也者，爲孔子，得聖之全。

⑤“唯金聲而玉振之者，然後已仁而以人仁”：

以，使也。

⑥“人以爲弗可爲□〈也〉，□〈無〉由至焉耳”：

也、無，以意補。

⑦“能進端，能終〈充〉端”：

端，始也；孟子用以指善性之始，謂人皆有仁義禮智之端於心。所謂“人之有四端也，猶其有四體也”（《孟子·公孫丑上》）。

終疑作充，擴充也，參孟子所謂的“凡有四端於我者，知皆擴而充之矣”。

⑧“弗能進，各各止於其裏”：

裏，坊也、閭也。止於其裏，對下文覆四海、襄天下言。

⑨“不藏尤〈欲〉害人”：

尤，疑假作欲。《孟子·盡心下》："人能充無欲害人之心，而仁不可勝用也。""七四本""八○本"謂尤爲恨心，恐非是。

⑩ "不受吁嗟者，義之理也"：

吁嗟，呼來喝去也。《孟子·盡心下》："人能充無受爾汝之實，無所往而不爲義也。"不受吁嗟，即無受爾汝。

⑪ "仁覆四海，義襄天下，而成〈誠〉由其中心行之"：

誠由其中心行之，所謂"由仁義行，非行仁義也"（《孟子·離婁下》）。下文誠舉之、誠事之同此。

⑫ "□□〈商湯〉之舉伊尹也"：

商湯，以意補。堯舉舜於畎畝，商湯舉伊尹於庖廚。

【經 22】

耳目鼻口手足六者，心之役也。心曰唯，莫敢不唯；〔心曰〕諾，莫敢不諾；〔心曰〕進，莫敢不進；〈〔心曰退〕｛後｝，莫敢不〔退〕｛後｝；〔心曰〕深，莫敢不深〉①；〔心曰〕淺，莫敢不淺。和則同，□□□｛同則善｝。

〔【說 22】

『耳目鼻口手足六者，心之役也』。耳目也者，悅聲色者也；鼻口者，悅臭味者也；手足者，悅勞〈佚〉餘〈愉〉者也②。心也者，悅仁義者也。之〈此〉數體者皆有悅也，而六者為心役，何〈也〉？曰：心貴也。有天下之美聲色於此，不義，則不聽弗視也。有天下之美臭味於此，不義，則弗求弗食也。居而不間尊長者③，不義，則弗為之矣。何居？曰：幾不□〈勝〉□④，小不勝大，賤不勝貴也哉！故曰心之役也。耳目鼻口手足六者，人□□，□〈人〉體之小者也。心，人□□，人體之大者也⑤，故曰君也。

『心曰唯，莫敢不唯』。心曰唯，耳目鼻口手足音聲貌色皆唯，是莫敢不唯也。諾亦然，進亦然，退亦然⑥。

『心曰深，莫敢不深；心曰淺，莫敢不淺』。深者甚也，淺者不甚也，深淺有道矣。故父呼，口□〈含〉食則吐之，手執□〈業〉則投之，唯而不諾，走而不趨，是莫敢不深也⑦。於兄則不如是其甚也，是莫敢不淺也。

『和則同』。和也者，小體戀戀然不圍〈患〉於心也，和於仁義。仁義，心〈也〉⑧；同者，與心若一也。□約也，同於仁〈義〉⑨。

仁義，心也，『同則善』耳。⑩〕

【注】

① "八〇本"據〈說〉文補足此處十四字。唯竹本退作後。

② "手足者，悅勞〈佚〉餘〈愉〉者也"：

《孟子·盡心下》："口之於味也，目之於色也，耳之於聲也，鼻之於臭也，四肢之於安逸也：性也。"《荀子·王霸》："人之情，口好味，而臭味莫美焉；耳好聲，而聲樂莫大焉；目好色，而文章致繁、婦女莫眾焉；形體好佚，而安重閑靜莫愉焉。"佚愉二字，據《荀子》改。

③ "居而不間尊長者"：

間，保持距離。居處應與尊長者有間；唯特殊情況時可以無間。如果沒有特殊情況作理由（"不義"），則不得無間。參男女授受不親；嫂溺，則援之以手例。

④ "曰：幾不□〈勝〉□"：

勝，仿下文補。幾，"八〇本"讀爲豈，恐非是；當解如《莊子·至樂》"種有幾"之幾，微也。

⑤ "心，人□□，人體之大者也"：

《孟子·告子上》："從其大體爲大人，從其小體爲小人。"大體指心之官，小體指耳目鼻口手足等器官。

⑥ "諾亦然，進亦然，退亦然"：

諾亦然、進亦然、退亦然，謂"心曰諾，莫敢不諾；心曰進，莫敢不進；心曰退，莫敢不退"。

⑦ "故父呼，口□〈含〉食則吐之，手執□〈業〉則投之，唯而不諾，走而不趨，是莫敢不深也"：

《禮記·玉藻》："父命呼，唯而不諾，手執業則投之，食在口則吐之，走而不趨。"孔穎達注：唯恭於諾。

又，《釋名·釋姿容》：“徐行曰步，疾行曰趨，疾趨曰走。”

⑧ “仁義，心〈也〉” ：

也字，以意補。

⑨ “同於仁〈義〉” ：

義字，以意補。

⑩ “『同則善』耳” ：

〈經 19〉有 “和則同，同則善” 句，謂四行和而爲善。此處之 “和則同，同則善” ，謂 “小體” 自身及小體與大體之和與同。

【經 23】

目〈侔〉而知之①，謂之進之。

〔【說 23】

『目〈侔〉而知之，謂之進之』。弗目〈侔〉也，目〈侔〉則知之矣，知之則進耳。目〈侔〉之也者，比之也。“天監在下，有命既雜〈集〉” 者也②，天之監下也，雜〈集〉命焉耳。循草木之性，則有生焉，而無好惡。循禽獸之性，則有好惡焉，而無禮義焉。循人之性，則巍然知其好仁義也③。不循其所以受命也，循之則得之矣，是目〈侔〉

之已。故目〈侔〉萬物之性而□□〈知人〉獨有仁義也④，進耳。"文王在上，於昭於天"，此之謂也。文王源耳目之性而知其好聲色也，源鼻口之性而知其好臭味也，源手足之性而知其好勞〈佚〉餘〈愉〉也，源心之性則巍然知其好仁義也。故執之而弗失，親之而弗離，故卓然見於天，箸於天下，無他焉，目〈侔〉也。故目〈侔〉人體而知其莫貴於仁義也，進耳。〕

【注】

① "目〈侔〉而知之"：

目，假爲侔。《墨子·小取》："侔，比辭而俱行也。"直接推理的一種形式。即對原判斷的詞項附加比詞，從而構成一個推論形式。

又，目或假爲眸，凝視。《荀子·大略》："今夫亡針者，終日求之而不得；其得之，非目益明也，眸而見之也。心之於慮亦然。"

② "天監在下，有命既雜〈集〉"：

《詩·大雅·大明》之篇。鄭玄注："天鑒視善惡於下，其命將有所依就，則豫福助之。"

③ "循人之性，則巍然知其好仁義也"：

《荀子·王制》："水火有氣而無生〈性〉，草木有生〈性〉而無知，禽獸有知而無義；人有氣有生〈性〉有知亦且有義，故最爲天下貴也。"

④ "故目〈侔〉萬物之性而□□〈知人〉獨有仁義也"：

知人，據上下文意補。

【經 24】

譬而知之①，謂之進之②。

〔【說 24】

『譬而知之，謂之進之』。弗譬也，譬則知之矣，知之則進耳。譬丘之與山也，丘之所以不□名山者，不積也。舜有仁，我亦有仁，而不如舜之仁，不積也。舜有義，而我亦有義，而不如舜之義，不積也。譬此〈比〉之而知吾所以不如舜③，進耳。〕

【注】

① "譬而知之"：

《墨子・小取》："辟（譬），舉他物而以明之也。"

② "謂之進之"

竹本此條在下條後。

③ "譬此〈比〉之而知吾所以不如舜"：

"八〇本"誤比爲此。

【經 25】

喻而知之，謂之進之。

〔【說 25】

『喻而知之，謂之進之』。弗喻也，喻則知之矣，知之則進耳。喻之也者，自所小好喻乎所大好。"窈窕淑女，寤寐求之"①，思色也。"求之弗得，寤寐思伏〈服〉"，言其急也。"悠哉悠哉，輾轉反側"，言其甚□□〈急也〉②。□如此其甚也，交諸父母之側，爲諸？則有死弗爲之矣。交諸兄弟之側，亦弗爲也。交諸邦人之側③，亦弗爲也。畏父兄，其殺畏人④，禮也。由色喻於禮，進耳。〕

【注】

① "窈窕淑女，寤寐求之"：

《詩·周南·關雎》之篇，下同。

② "言其甚□□〈急也〉"：

以意補。

③ "交諸邦人之側"：

邦人，即國人。或有據此邦字不避漢高祖諱而推定帛書抄寫年代者。唯〈經 18〉"有德則國家興"句，竹本作邦家興；則帛書似又避邦字。

④ "畏父兄，其殺畏人"：

殺，差等。

【經 26】

　　□□□□□｛鐖〈禨〉而知之，天｝也①。〔《詩》曰：〕“上帝臨汝，毋貳爾心”②，此之謂也。

〔 # 【說 26】

　　『禨〈鐖〉而知之③，天也』。鐖〈禨〉也者，賚數也④。唯有天德者，然後鐖〈禨〉而知之。

　　『 “上帝臨汝，毋貳爾心。” 』上帝臨汝，□鐖〈禨〉之也；毋貳爾心，俱鐖〈禨〉之也⑤。 〕

【注】

　　① “□□□□□｛鐖〈禨〉而知之，天｝也”：

幾，假爲禨，吉凶先兆也。

　　② “上帝臨汝，毋貳爾心”：

《詩·大雅·大明》之篇。

　　③ “禨〈鐖〉而知之”：

　　"七四本"注鑯爲察，"八〇本"疑鑯讀爲計，謀也。恐非是。文中稱天稱上帝，已明示鑯之爲禨矣。

　　④ "鑯〈禨〉也者，賚數也"：

　　賚，賜也。《周禮·天官·掌皮》"會其財賚"，鄭玄注："予人以物曰賚。"

　　⑤ "俱鑯〈禨〉之也"：

　　俱，毋貳爾心、與上帝同也。

【經 27】

　　天生諸 { 大施者 } 其人①，天也。其人施諸人，□ { 廬 } 也②。〔其人施諸人，不得其人不爲法。〕

〔【說 27】

　　『天生諸其人，天也』。天生諸其人也者，如文王者也③。

　　『其人施諸人』也者，如文王之施諸弘〈閎〉夭、散宜生也④。

　　『其人施諸人，不得其人不爲法』。言所施之者，不得如散宜生、弘〈閎〉夭者也，則弗爲法矣⑤。〕

【注】

① "天生諸〔大施者〕其人"：

竹帛相校，此句宜作"天施諸其人"。天施者，天生也，先驗也。

② "其人施諸人，□〔廬〕也"：

李零謂廬即狎字，訓爲習（見《郭店楚簡校讀記》，載《道家文化研究》第十七集）。按，《禮記·曲禮》"賢者狎而敬之"鄭玄注："狎，習也，近也。謂附而近之，習其所行也。"狎或習，謂後天的、經驗的。

③ "天生諸其人也者，如文王者也"：

所謂"文王在上，於昭於天"也。

④ "如文王之施諸弘〈閎〉夭、散宜生也"：

閎夭、散宜生，文王四友之二，後佐武王伐紂。此處謂弘夭、散宜生與文王爲友，習而敬之，而受德行之施於文王。

⑤ "言所施之者，不得如散宜生、弘〈閎〉夭者也，則弗爲法矣"：

得，找到合適者。法，規範、標準。

【經28】

聞〔君子〕道而悅〔者〕，好仁者也。聞道而畏〔者〕，好義者也。聞道而恭〔者〕，好禮者也。聞道而樂〔者〕，

〔有〕｛好｝德者也。

〔【說28】

『聞君子道而悅者，好仁者也』。道也者，天道也，言好仁者之聞君子道而以之其仁也①，故能悅。悅也者，形也②。

『聞君子道而畏③，好義者也』。好義者之聞君子道而以之其義也④，故能畏。畏也者，形也。

『聞道而恭，好禮者也』。言好禮者之聞君子道而以之其禮也，故能恭。恭者，形也。

『聞道而樂，有德者也』。道也者，天道也，言好德者之聞君子道而以夫五也爲一也，故能樂。樂也者和，和者德也。⑤〕

【注】

①"言好仁者之聞君子道而以之其仁也"：

以之其仁，島森哲男讀爲志（見《馬王堆出土儒家古佚書考》，載日本《東方學》，一九七八年第五十六輯）。似亦可釋爲走向。

②"悅也者，形也"：

形也，謂悅爲仁形於內之形（參〈經1〉），下文義、禮形也同。

③ "聞君子道而畏"：

畏，敬服也。

④ "好義者之聞君子道而以之其義也"：

此處圖版有重文符號，爲"好﹦義﹦者也之聞君子道而……"，"者"下又誤缺重文符。補正後，應讀成"好義者也，好義者之聞君子道而……"。"八○本"釋成"好義。好義者也之聞君子道而……"，誤。

⑤ 本章文意與〈經1〉呼應。

1997 年 9 月 5 日校于康橋

1999 年 10 月 5 日竹帛互校於北京，11 月 11 日初校畢，14 日二校畢。

研究論文

一

竹帛《五行》篇比較

　　1973 年冬，湖南長沙馬王堆第三號漢墓出土的眾多帛書中，有一本被名爲《五行》篇。整整 20 年後，1993 年冬，湖北荊門郭店村第一號楚墓出土的眾多竹書中，有一本自名爲 《五行》篇。

　　兩篇《五行》的最大不同是：帛書有《經》有《說》，竹書有《經》無《說》。《經》的部份，除幾個章節次序互換外，內容方面基本相同。

　　20 年前的研究已經證明，這個《五行》篇，正是荀子在《非十二子》中作爲子思孟軻學派代表作來批判的那個"五行"；20 年後它與子思其他著作相伴再次出土，並且自名曰《五行》，遂使此前的斷案永毋庸議。

　　但是，新的出土也帶來了新的困惑。那就是：何以竹書沒有解說部份？帛書的解說是否後綴上去的？以及，竹帛二經的次序不同，有無實質性的意義。

（一）

　　讓我們從容易開始的地方開始，首先來比較一下二者的章節次序差異。

　　爲了敘述上的簡便，我將沿用 20 年前對帛書《五行》篇的處理法，將全書分爲 28 章[1]；相應地，竹書《五行》也分成同樣的章節，以便對照。

---

[1] 參見拙著《帛書五行篇研究》，齊魯書社 1980 年 7 月第一版，1988 年 8 月第二版

對照一下將會發現，在章節上，兩書有兩處不同。一處靠近末尾，談認識論的那幾章，帛書的順序是：目而知之，譬而知之，喻而知之，幾而知之；竹書的順序是：目而知之，喻而知之，譬而知之，幾而知之。

這裏談的是四種認識方法，其中的"譬"和"喻"，都屬於類推法，只是用語上的不同，沒有什麼實質上的差異。兩書在敘述上顛倒了一下，即使不是傳抄之誤或筆誤，也很難說有優劣之分。所以似乎可以忽略不計。

另一處章節上的不同較大，涉及到第 10 章至第 20 章間的所有次序，而且關係到思想內容方面，值得認真注意。

帛書的第 10 章、11 章、12 章、13 章，分別談仁、義、禮、聖智之所以；第 14 章、15 章、16 章、17 章，對仁、義、禮、聖智的所以，再做進一步的論述。第 18 章，總說仁義禮智聖五行，19 章，總說仁義禮智四行。

竹書第 10 章以前的章序，與帛書同。唯第 10 章，先談聖智（文同帛書第 13 章）；11 章、12 章、13 章，分談仁、義、禮（文同帛書第 10、11、12 章）。相應地，第 14 章再談聖智（文同帛書第 17 章）；15、16 章遂接著聖智談五行、四行（文同帛書第 18、19 章）。第 17、18、19 章，則再談仁、義、禮（文同帛書第 14、15、16 章）。到第 20 章，兩書章節又合流為一。

可以看出，兩書在這一處的次序差異，不是錯簡所致，不是手民之誤，也不像出自兩個來源，而是理解上的不同。帛書按仁義禮智聖的次序談，循序而進；竹書則先談聖智，把最重要的放在最前面。根據這種理解，竹書或帛書的主人，乃有意識地對原書次序做了一下調動。

從文理和邏輯來分析，帛書本的次序，較為合理，因而可能是本來的面目。竹書本先仁義禮而談聖智，於文理於邏輯，未嘗不可；但它接著聖智連帶談了五行四行，把一個總結性的論斷提到了不前不後的中間位置，便未免進退失據，露出馬腳了。

（二）

　　竹帛兩《五行》的最大不同，在無《說》和有《說》。

　　帛書本《五行》篇於《經》文之後，自第 6 章開始，逐句都有解說，直至結束。查第 6 章並非一個特殊起點；因此估計，前五章本來也曾有《說》，帛書中漏抄了。

　　文章分爲“經、說”、“經、解”或者“經、傳”，本是古人立言的一種體裁。《春秋》及其三傳，墨經的《經上、下》和《經說上、下》，便是最有名的例子；此外在《管子》、《呂氏春秋》、《韓非子》等書中，也不乏這種篇章。甚至短短的一篇《大學》，經過朱熹整理，竟然也能看出經傳之別來。

　　但是同爲“經”“說”，有著者自說與他人補說之分，不能不分辨清楚。例如墨經的那些“經”，經文多半是些難以捉摸的論題或定義，其解釋和說明，被有計劃地留給了“說”文去說；而且有時還乾脆注明“說在某某”字樣。這樣的經與說，當然是一人一時之作[1]。《韓非子》的《內、外儲說》言明“其說在某某”，《呂氏春秋》的一些篇章臨終有“解在某某”句，都是著者自分經說之例。而春秋三傳與《春秋》，韓非《解老》與《老子》，《管子》裏《管子解》與所解，很明顯，都是後人在解說前人之作。

　　同爲後人的解說，由於關係、學養、動機等方面的不同，其“說”其“解”的價值也大有差異。韓非解老，其忠於原著的態度，顯然趕不上《管子解》，這是不言自明的，因爲後者是一個學派內部的事。春秋三傳各有千秋，早爲論者公認；雖然迄今爲止尙搞不淸傳者爲誰。

　　帛書《五行》篇的“經”和“說”，看起來，不像是一個計劃下的兩個部份。這一來由於，“經”文說理淸楚，自我圓滿，無須多加解說，也沒有爲“說”文有意留下什麼；二來也由於，“說”文雖然逐句解說，並沒有說出什麼新思想來，相反倒表現得十分拘謹[2]，乏善可陳。因此我設想，《五行》篇早先並沒

---

[1] 所謂一人一時，不必真是一個人一短時，也可能是一群人一長時。

[2] 例如它對經中那些一望而知、不解自明的語句，仍要解上一句，叫做“直之也”。

有"說"或"解"，帛書所見的"說"，是某個時候弟子們奉命綴上去的。

《五行》篇早先沒有"說"或"解"，並非我的發明，荀子先我兩千多年已經說了："（子思孟軻）案往舊造說，謂之五行。甚僻違而無類，幽隱而無說，閉約而無解。"[1] 無類是說不合邏輯；無說、無解，固然是指內容的幽隱和閉約，但也足以旁證，《五行》篇本來並沒有"說"和"解"。因為如果原書確如帛書所示，有經也有說，那麼荀子批評的話，就不便如此說；即使他要批評它幽隱閉約，也得換個"罪名"，不能瞪著眼睛說瞎話，把有"說"說成無說，有"解"解成無解。

（三）

大概正是由於荀子的批評，思孟學派的弟子們，覺得應該將他們的經典《五行》篇施以解說，以杜討伐，以廣流傳；於是遂有了解說本，如馬王堆所見；而在郭店時代，是本無解說的。

這一猜測，從郭店竹簡本身，可以得到支援。

現在被名為《語叢三》的楚簡中，已確認有九枚分上下兩欄書寫的簡[2]，整理者說："簡文的這種書寫格式是以往楚簡中所未見的"。但是，學界人士應該記起，他們雖然也沒見過這種簡，卻見過因這種書寫格式而帶來混亂的書，那就是《墨經》！

《墨子》書中有《經上、下》《經說上、下》四篇，一般統稱《墨經》。那是最明白的由著者有意識地安排成的經、說體文章。譬如，《經下》有一條："以言為盡悖，悖。說在其言。"與之相應的解說，在《經說下》定可找到："以悖，不可也。之人之言可，是不悖；則是有可也。之人之言不可；以當，必不當。"這是指出"自語相違"矛盾以勝敵的辯論術，"經"文最扼要地指出論題之"悖"在於"其言"本身，而將具體論證留給"說"文去完成。"說"

---

[1] 見《荀子·非十二子》
[2] 進一步整理將會發現，不止九枚。

文開頭的"以悖"二字，是對"經"文"以言爲盡悖"的牒舉，以便對號入座，順利找到解說。《墨經》其他各條，大體也都如此。

當初在竹簡時代，《墨經》的"經"文，便是寫在上下兩欄的簡上，如《語叢三》所示。而"說"文，則是通常寫法，一欄到底。何以見得？有傳世本《墨經》的混亂爲證。傳世本《墨經》的《經上》篇和《經說上》篇，是這樣開頭的：

> 故，所得而後成也。止，以久也。體，分於兼也。必，不已也。知，材也。(《經上》)

> 故，小故，有之不必然，無之必不然；體也，若有端。大故，有之必然，若見之成見 也。體，若二之一，尺之端也。知材，知也者，所以知也，而必知，若明。(《經說上》)

"經"文開頭的五條中，只有第1、3、5條有"說"；其2、4條的"說"文，要到全文進行一半以後，才姍姍出現。這就是由於，"經"文是寫在上下兩欄的簡上，第2條位於第2簡的上欄，而不是第1簡的下欄；寫在第1簡下欄的，不是第2條，倒是半數以後的第1條。這叫做"旁行句讀"。後來抄書人不懂得這種"旁行"的規矩，在抄完第1條"故所得而後成也"以後，不知道接抄左旁簡上欄的第2條"體分於兼也"，而直抄本簡下欄"止以久也"，於是遂造成"經"文與"說"文不能連續對應的混亂[1]。直到清人畢沅注《墨子》，發現文中"讀此書旁行"的提示，始將"經"文"錄爲兩截，旁讀成文"。

《墨經》所以要將"經"文分欄繕寫，大概是由於"經"文詞簡意賅，若一條一簡，則形成浪費；數條一簡，將眉目不清；於是採取了分成兩欄的折中辦法。至於分欄後的次序爲何不采直讀法而采旁行法，那當是由於某些經文字數較長，佔用了兩枚簡的上欄[2]，於是遂順勢左排下去，省卻返回已成參差的前簡下欄之故。

據此，我們可以設想，楚簡《語叢三》的那九枚兩欄書寫的簡文，應該也

---

[1] 《經下》和《經說下》的混亂狀況與原因，同此。
[2] 據譚戒甫推測，經文每枚每欄只書六字。見《墨辯發微》，中華書局1964年6月第一版

是一種"經";其他那些不分欄的簡文,或許便是"經說"。譬如第66簡上欄"亡亡由也者",是"經";第43簡"或由其避,或由其不進,或由其可",便是其"說"。第67簡上欄"名二物三",下欄"生爲貴",顯然也都分別是經;他處必有其說。只是由於失落過多,現在尚無法通讀而已。可惜。

我說了這許多有關《墨經》書寫格式的話,特別是推測《語叢三》之有經有說,只是爲了想引出這樣的支援,即:當時的"經"文,都是文約義豐的,以待"說"文去展開。如《墨經》,如《語叢三》。竹書《五行》篇如果起始便有"說",則無須如此周詳豐滿,一覽無餘;而應該提綱挈領,把許多解釋性的語句,留給"說"文去說。現在的《五行》篇既然不是這樣,因此可以推想,它的"說"文,不是原定計劃的一個必要部份,而是後綴上去的。

1998年夏至日

二

竹帛《五行》篇與思孟"五行"說

一九七三年冬，湖南長沙馬王堆第三號漢墓出土的眾多帛書中，有一篇被名爲《五行》篇。整整二十年後，一九九三年冬，湖北荆門郭店村第一號楚墓出土的眾多竹書中，有一篇自名爲《五行》篇。

二十年前的研究已經指明，這個《五行》篇，正是荀子在《非十二子》中作爲子思孟軻學派代表作來批判的那個"五行"說；二十年後它與《緇衣》等相傳爲子思的著作相伴再次出土，並自名曰《五行》，於是多了一層內證，而使此前的斷案鐵證如山，永毋庸議。

二十多年的工夫化解了二千多年的疑案，使人們對早期儒家有個更切近的認識，著實是一件快事。

（一）

當年荀子在《非十二子》中橫刀立馬，一掃千軍時，曾如此指責子思、孟軻道：

> 略法先王而不知其統，猶然而材劇志大，聞見雜博。案往舊造說，謂之五行；甚僻違而無類，幽隱而無說，閉約而無解。案飾其辭而祇敬之曰：此真先君子之言也。子思唱之，孟軻和之；世俗之溝猶瞀儒，嚾嚾然不知其所非也，遂受而傳之，以為仲尼、子遊為茲厚於後世，是則子思、孟軻之罪也。

這篇檄文列出的罪狀十分嚇人，上自不知先王之統，下至流毒後學之軀，加之以冒充孔子（先君子）真言，混淆世儒視聽，真可謂斯可忍孰不可忍之極了。而窮究其源，全在於子思孟軻造出了一個五行說上。遺憾的是，到底這個禍根五行說說了些什麼，荀子竟未曾向人們公佈出一文一字，而只顧以毀代說，斥之爲無類、無說、無解；除此三無外，別無任何實質上的明示。

碰巧的是，在流傳下來的孟子書上，以及相傳爲子思的書上（《中庸》、《緇衣》等），也找不到直白無隱的可以佐證荀子的什麼五行說。於是乎，思孟五行說，究竟是有是無、多大多高，便成了學術史上的一樁公案，文化史上的千古之謎。

頭一個出來解謎的是一千多年後的唐人楊倞。楊注《荀子》"謂之五行"句說，"五行，五常——仁義禮智信是也"。他是根據什麼來斷定五行就是五常就是仁義禮智信的，並沒有交代；大概這在當時本是常識。例如孔穎達注《尚書·甘誓》"有扈氏威侮五行"句亦曰："五行在人，爲仁義禮智信；威侮五行，亦爲侮慢此五常而不行也。"同樣的瞭解，在漢人那裏，則要更爲簡單而且直接得多，例如鄭玄注《樂記》"道五常之行"句便乾脆說："五常，五行也"。

需要說明的是，當著漢唐人把五行與五常直接相等時，他們嘴裏所說的"五行"，發音並非 wuxing，而是 wuheng。這有董仲舒的言論可以作證。董氏在《春秋繁露·五行對》中說："故五行者，五行也"；《春秋繁露·五行之義》中說："五行之爲言也，猶五行歟？是故以得辭也"。這裏的前一個五行讀 wuxing，後一個則讀 wuheng，說的是水火木金土之得名爲五行，乃得自孝子忠臣的仁義禮智信之五種德行（deheng）。如果將這兩個詞兒一概讀成 wuxing，統統解作水火木金土，那便不知董氏所云，墮入五里霧中了。

五種德行謂之五行，在先秦本來不乏其例。荀子談鄉飲酒的教化作用時，便曾說："貴賤明，隆殺辨，和樂而不流，弟長而無遺，安燕而不亂：此五行者，足以正身安國矣。"（《荀子·樂論》）《呂氏春秋·孝行》也有："居處不莊，非孝也；事君不忠，非孝也；涖官不敬，非孝也；朋友不篤，非孝也；戰陣無勇，非孝也。五行不遂，災及其親，敢不敬乎？"准此想來，荀子所指責的子思孟軻之五行，也不會是早已存在了的 wuxing，而應該是有關德行的 wuheng；楊倞把它注爲 "仁義禮智信"，是有一定根據的。

楊倞的不足在於，他以爲五種德行必定是後來稱做五常的那個仁義禮智信；這是輕信了漢人的結果。五行（heng）以避諱而改稱五常，是漢文帝劉恒以後的事；德行規範爲五並固定在仁義禮智信上，則是董仲舒以後的事。漢初並非這樣[1]，先秦更不如此。當然，楊倞能以看出荀子筆下沒頭沒腦的思孟五行之說應指五種德行，雖不中而不遠，已經很爲難能可貴了。

後於楊倞千餘年的近代學人，爭答思孟五行之謎者不下十數，可惜多不知 wuxing 與 wuheng 之分，而硬以金木水火土的套子來套，或削足適履，或李戴張冠，其距離正確答案比之楊倞更遠。其中唯梁啓超者，猜測思孟五行或指五倫或指五常，"決非如後世之五行說"（見《陰陽五行說的來歷》）；郭沫若者，認定思孟以 "仁義禮智誠" 作五行系統的演化（見《儒家八派的批判》），爲差堪告慰。

欲知正確謎底爲何？請看二十世紀七十年代與九十年代有關出土文獻。

（二）

一九七三年十二月，長沙馬王堆第三號漢墓出土了一批帛書。其中有兩卷帛上分別鈔著兩部《老子》，被名爲《老子》甲本和乙本；甲本的卷後和乙本的卷前，各鈔有四篇佚書。佚書與所附的《老子》無直接關連，內容也很龐雜，有黃老之言，有儒家學說。甲本卷後的第一篇和第四篇佚書，屬儒家學派，給解開兩千多年未得其解的思孟五行之謎，帶來了一把鑰匙。

《老子》甲本卷後古佚書一，無篇題，共一百八十二行（自帛書原第一七零行至第三五一行），分列爲十九段，約五千四百字[2]。從字體、內容及避諱看，

[1] 如賈誼《新書》有《六術》篇，倡 "六行" 說。
[2] 見《馬王堆漢墓帛書（壹）》，文物出版社 1980 年 3 月第一版。

鈔寫年代當在秦亡以後、漢劉邦卒年以前（前 207-195）[1]。帛書出土時已有脫爛，加之辭義反復重疊，乍一讀去，幾乎難以終篇。可是仔細閱讀後當能發現，該書係由兩個部份組成：自第一七零行至第二一四行，即原第一大段，爲第一部份；自第二一五行的提行另段開始，直至末尾第三五一行，爲第二部份。第一部份提出了一種學說並作了簡要論證；第二部份則是對第一部份的逐句（缺少十三行，想係漏鈔）解說。一九七五年，我准照戰國時期文章格局慣例，名第一部份爲"經"，第二部份爲"說"；並移說就經，得二十八章，儼然一部宏論矣。

文章的總綱見於開宗明義的第一章，曰：

> 仁形於內，謂之德之行；不形於內，謂之行。智行於內，謂之德之行；不行於內，謂之行。義形於內，謂之德之行，不形於內，謂之行。禮形於內，謂之德之行；不形於內，謂之行。聖形於內，謂之德之行，不行於內，謂之行。德之行五，和謂之德；四行和，謂之善。善、人道也；德、天道也。

這裏提出的仁義禮智聖五種德之行或行，在以後的章節中，逕謂之五行。因之我據以命名整篇文章曰《五行》。這個五行，有無可能便是荀子所說的子思孟軻所造說的那個五行？成了最爲引人入勝的課題。

孟子道性善，謂"仁義禮智"乃"根於心"的君子本性，這是眾所周知的；孟子當然也沒少談"聖"。只是，人們似乎從未見到，七篇巨著中，孟子曾在哪里把仁義禮智與聖字連舉或並提過。至於子思，就更難說了，因爲其書已不可考。《史記·孔子世家》說："子思作《中庸》"，《漢書·藝文志》載："子思子二十三篇"；據此搜索，在現存的《中庸》及版權疑爲子思的《緇衣》、《表記》等《禮記》篇章中，我們似乎同樣並未看到仁義禮智聖五德並舉的字樣。

不過，這些都只是"似乎"而已。如果不是止於淺嘗，認真考究一下，我們便會看到，無論是《孟子》中還是《中庸》中，都有仁義禮智聖五德並舉的

---

[1] 具體論證請參拙著《帛書五行篇研究》《代序》，齊魯書社 1980 年初版，1988 年再版。

章節。請聽孟子曰：

> 口之於味也，目之於色也，耳之於聲也，鼻之於臭也，四肢之
> 於安佚也，性也；有命焉，君子不謂性也。
>
> 仁之於父子也，義之於君臣也，禮之於賓主也，智之於賢者也，
> 聖人之於天道也，命也；有性焉，君子不謂命也。（《孟子·盡心下》）

　　這段話的意思很明確，句法也很齊整；唯獨“聖人之於天道也”一句，與前面四句之“□□（德行）之與□□（人倫）也”格式不類，惹人費解。據說宋人吳必大“嘗疑此句比上文義例似於倒置”，猜測此句可能原作“天道之於聖人也”，而請教過朱熹；朱熹予以否定（見《朱子大全·答吳伯豐》）。其實朱熹自己私下裏也看著這句話彆扭，所以才在《四書集注》中注道：“或曰：‘人’衍字。”清人俞樾《群經平議》附和道：“《集注》曰或云人衍字，其說是也。”照此說來，這句話原本應是“聖之於天道也”的了。

　　從文義來考究，孟子這句話，看來正應該作“聖之於天道也”。因為，聖與仁義禮智一樣，原是一種德行，有淵博通達、聞聲知情等意思；《詩經》裏將聖與哲相提並舉（《小雅·小旻》），《尚書》裏說聖和狂可以轉化（《多方》），都是用在這樣的意義上。現在在《盡心下》中，它所率領的這句話同仁義禮智所率的四句話排比而列，自然也當用其德行的意義，而非“聖人”無疑；“人”字顯係某個時候偶然羼進去的。至於“聖之於天道也”何解，由聖如何連到天道，答案在前引的《五行》首章中。

　　子思也有五德並舉的例子，見於《中庸》，其文曰：

> 唯天下至聖，為能聰明睿知，足以有臨也；寬裕溫柔，足以有
> 容也；發強剛毅，足以有執也；齊莊中正，足以有敬也；文理密察，
> 足以有別也。……凡有血氣者，莫不尊親。故曰“配天”。

　　這本是讚譽孔子的一段話。孔子後來被稱“至聖”，蓋出於此。我們現在有興趣的是，充實至聖的這五個條件，便正是我們所在尋找的那五個德行。請看：聰明睿知，不是“聖”嗎？寬裕溫柔，不是“仁”嗎？發強剛毅，無疑是

"義" ；齊莊中正，無疑是"禮" ；而足以有別的文理密察，就是"智"了。《五行》篇裏說，這五種行，形於人心之內，謂之德行；行於天，謂之天道。

現在《中庸》裏說，全備此五德行，是為配天；凡有血氣者，無不尊之親之。二者一唱一和，相互呼應，再清楚也不過了。

這樣，借助於帛書《五行》篇的提示，我們從子思孟子書中，也發現了仁義禮智聖的五行；從而反過頭來，可以確定帛書《五行》之篇屬於思孟學派，確定荀子的批評，不是無根無據的。

（三）

對思孟五行公案的這一理解，因郭店楚墓竹簡的出土，而最後得到完善與加固。

一九九三年十月，湖北省荊門市沙洋區四方鄉郭店村的一座戰國墓葬中，出土了一批楚文字竹簡[1]。據說墓曾被盜，竹簡亦曾殃及。劫餘竹簡八零四支，出土時已散亂無序，可得一萬三千餘字，全部是學術著作。考古家們根據墓葬型制及器物紋樣等推定，入葬年代當為戰國中期偏晚，約西元前三百年左近，孟子、莊子、屈原、荀子在世之時[2]；墓主為老年男性，屬士級貴族，且很有可能便是殉葬耳杯銘文所稱的"東宮之師"，即楚國太子的老師。

竹簡整理後分為十八篇，可屬道家的著作兩種四篇，儒家的著作十一種十四篇。其中有自名為《五行》的一篇，凡五十簡，約一千二百餘字，與二十年前出土的帛書《五行》本"經"部基本相同，惟全無"說"文。

按，文章分為"經、說"、"經、解"或者"經、傳"，本是古人立言的

---

[1] 楚簡圖版連同釋文已於 1998 年 5 月由文物出版社出版發行，書名《郭店楚墓竹簡》。

[2] 據錢穆《先秦諸子繫年》：孟子（前 380-300）、莊子（前 360-290）、屈子（前 343-299）、荀子（前 335-255）。

一種體裁。《春秋》及其三傳，墨經的《經上、下》和《經說上、下》，便是最有名的例子；此外在《管子》、《呂氏春秋》、《韓非子》等書中，也不乏這種篇章。甚至短短一篇《大學》，經過朱熹整理，竟然也能指出經傳之別來。

但同爲 "經" "說"，有著者自說與他人補說之分，不能不分辨清楚。例如墨經的那些 "經" 文，多半是些難名其妙的論題或定義，其解釋和說明，被有計劃地留給了 "說" 文去說；而且有時還乾脆注明 "說在某某" 字樣。這樣的經與說，當然是一人一時之作[1]。《韓非子》的《內、外儲說》言明 "其說在某某"，《呂氏春秋》的一些篇章臨終有 "解在某某" 句，都是著者自分經說之例。而春秋三傳與《春秋》，韓非《解老》與《老子》，《管子》裏《管子解》與所解，則很明顯，都是後人在解說前人之作，前人並無此計劃的。

同爲後人的解說，由於關係、學養、動機等方面的不同，其 "說" 其 "解" 的價值也大有差異。韓非解老，其忠於原著的態度，顯然趕不上《管子解》，這是不言自明的；因爲前者是哲學家在借題發揮，後者卻是一個學派內部的事。春秋三傳各有千秋，更是典型事例。

至於帛書《五行》篇的 "經" 和 "說"，看起來，並不像是一個計劃下的兩個部份。這一來鑒於，"經" 文說理清楚，自我圓滿，無須多加解說，也沒有爲 "說" 文有意留下什麼；二來也鑒於，"說" 文雖然逐句解說，並未說出什麼新思想來，相反倒表現得十分拘謹[2]，乏善可陳。因此可以設想，《五行》篇早先本來無 "說" 無 "解"，如竹簡所示，亦如荀子所指責的那樣；帛書所見的 "說"，是後來弟子們奉命或主動綴上去的。

這一點，從 "說" 文之大量引徵《孟子》文句也可見證。"說" 文第二十一章解說 "君子集大成。能進之爲君子，不能進，各止於其裏" 時說：

……大成也者，金聲玉振之也。……

　　能進端，能充端，則爲君子耳矣；弗能進，各各止於其裏。不藏
　　欲害人，仁之理也；不受籲嗟者，義之理也。弗能進也，則各止於

---

[1] 所謂一人一時，不必真是一個人一短時，也可能是一群人一長時。
[2] 例如它對經中那些一望而知、不解自明的語句，仍要解上一句，叫做 "直之也"。

其裹耳矣。充其不藏欲害人之心，而仁覆四海；充其不受籲嗟之心，

而義襄天下。仁覆四海，義襄天下，而誠由其中心行之，亦君子已！

¹

這裏的"大成"句，見於《孟子·萬章下》"集大成也者，金聲而玉振之
也"；"進端""充端"句，只能是孟子所謂的"凡有四端於我者，知皆擴而
充之矣"（《公孫丑上》），別無可解；而"充其不藏欲害人之心"等句，則是"人
能充無欲害人之心，而仁不可勝用也；……人能充無受爾汝之實，無所往而不
爲義也"（《孟子·盡心下》）的復述；至於"誠由其中心行之"，便是孟子的名句"由
仁義行，非行仁義也"（《離婁下》）了。

另外，"說"文第二十二章解說耳目鼻口手足與心的關係時，還曾搬出過
孟子專利的小體大體說。

這些現象說明，"說"文完成的時間，當在孟子以後乃至《孟子》成書以
後，是由弟子們拾掇老師遺說補做出來的。

而弟子們之所以要出來續貂，一個很大可能的原因是，爲了回敬荀子的批
評。荀子不是指責思孟五行有三無之弊嗎？其"無類"說的是犯有邏輯錯誤，
大概指"聖"與"仁義禮智"之不倫不類吧；這點大可不去理它，是非自有公
論。倒是"無說"、"無解"兩點，事實如此，文章具在，逃脫不掉，抵賴不
成；於是，弟子們便勉爲其難，出馬逐句解說，而有了如帛書本《五行》篇的
樣子，以杜論敵之口，以廣先師之說。

帛書的解說是忠於原典的。竹書的無說是正常的。荀子的"非十二子"批
判介於兩者之間。三物具備，思孟五行之謎，於是大白於天下。

一九九八年九月二十四日於加州

---

¹ 假借字已逕改正，詳情可參《帛書五行篇研究》再版本第 79 頁。

三

三重道德論

君子之道，造端乎夫婦；

及其至也，察乎天地。

——《禮記·中庸》

　　二十世紀之尾，郭店出土了竹簡《五行》，回應了 20 年前馬王堆帛書《五行》所引起的學術震撼，坐實了思孟五行說，在中國學術史上，是一件非同小可的大事。

　　只是，我們的研究工作似乎還沒能跟上。我們多半還沈浸在思孟五行學說終於被發現了的喜悅中，而很少解答《五行》篇本身提出的一些新問題。譬如說，《五行》談五行而又有所謂四行，五行和四行的關係如何，便是其中首屈一指的大問題。如果再考慮到，與講道德說仁義的竹簡《五行》同時出土的，另有一篇也是談道德的《六德》；這四行、五行和六德之間，又是如何分合的，它們在儒學體系中各占何種地位，後來的變化發展狀況怎樣，更是我們所無法回避的課題。

　　這些都是過去儒學研究中所不曾遇到過的新情況。只要誰個肯於直面這些問題，那麼他便必將意外地發現一片尚未墾植的新天地，那兒陳列著儒學的三重道德規範，它們組成了完整的儒家道德學說體系。那就是：人之作為家庭成員所應有的人倫道德（六德），作為社會成員所應有的社會道德（四行），以及，作為天地之子所應有的天地道德（五行）。這三重道德，由近及遠，逐一上升，營造了三重淺深不同而又互相關聯的境界，爲人們的德行生活，爲人們的快樂與幸福，開拓出了廣闊無垠的空間。

六 德

人必群居而後得以生存繁衍。群居形成所謂社會。社會性於是遂與自然性並列而成了人的根本屬性。雖激烈反對社會、尖刻譏誚人世的莊周，對此也無可奈何而慨然有歎曰："子之愛親，命也，不可解於心；臣之事君，義也，無適而非君也，無所逃於天地之間"[1]。唯其不可解於心和無所逃其身，於是便有了人倫，有了人人都應該踐行的倫理規範和準則，作爲最初一級的普泛道德，維繫著人類的基礎組織－家庭的安定。它就是楚簡《六德》篇所討論的内容。

《六德》說："生民斯必有夫婦、父子、君臣。"所謂"生民"，是天生蒸民的意思，凡我人類的意思；所謂"斯必"，是說無論何人，不計尊卑，都必得在夫婦、父子、君臣這三倫中各占一個位置。"夫婦"不用說，男大當婚女大當嫁；"父子"是廣義的，母女以至翁婿婆媳都也包括其中；"君臣"一倫，在宗法社會裏，本是父子關係的延伸。這三種關係，是自然的，也是社會的基礎；是每個個體生命所不可逃脫的，也是整個人類生存所必須具有的。後來有所謂五倫之說者，於三倫以外，更加兄弟、朋友二倫；似乎更加全面完整了，其實跡近枝指蛇足，蓋生民未必皆有兄弟朋友也。至於五倫的順序以君臣爲首，較之這裏三倫的讓夫婦居先，其自然的份量更少，人爲的份量更多，離開源頭也顯得更遠了。

《六德》篇稱此"生民斯必有"的三種人倫關係爲"六位元"。其所謂的"位"，當不止於空間意義上之處所的意思；《公孫龍子·名實論》上有定義道："實以實其所實而不曠焉，位也"，可見當時已認識到物之位元和物之實間，還有著內在的親密關係。此外，我們大都知道"位"在《易經》中的重要

---

[1] 《莊子·人間世》。

作用，在天文曆法中的巨大意義，以及在數學中，如果沒有 "位" 的觀念，任何運算都將無法進行；正是這些場合，又一層層地給 "位" 概念刷上了許多神聖油彩。因此，對於《六德》篇的所謂 "六位"，我們也不可等閒視之，不能簡單地理解之爲處所；而必須注意到 "位" 所要求的 "實其所實"，注意到它之作爲社會細胞的本根意義。

　　既然六位是生民所必有的自然狀態、所必居的社會位置，那麼與之相適應，便會有各位生民在此狀態與位置中的天職或使命，用 "以實其所實"。在《六德》篇中，它們被稱之爲 "六職"："有率人者，有從人者；有使人者，有事人者；有教者，有受者。此六職也"[1]。六職和六位相對應，其分配狀況是：率人者夫，從人者婦；使人者君，事人者臣；教者父，受者子。

　　這六種職責，顯然過於高度概括了（看來是論說的方便使然；下面我們再引述其具體內容）。有了職責，必然會有彰揚職責的規範或標準，那便是所謂的 "六德"："聖智也，仁義也，忠信也"[2]。六位、六職和六德的整體配合，據說是這樣的：

> ……父兄任者，子弟大材藝者大官，小材藝者小官，因而施祿焉，使之足以生，足以死，謂之君，以義使人多。義者，君德也。非我血氣之親，畜我如其子弟，故曰：苟濟夫人之善也，勞其藏腑之力弗敢憚也，危其死弗敢愛也，謂之臣，以忠事人多。忠者，臣德也。知可為者，知不可為者，知行者，知不行者，謂之夫，以智率人多。智也者，夫德也。能與之齊，終身弗改之矣。是故夫死有主，終身不變，謂之婦，以信從人多也。信也者，婦德也。既生畜之，或從而教誨之，謂之聖。聖也者，父德也。子也者，會埠長材以事上，謂之義，上共下之義，以耷甄甄，謂之孝，故人則為□□□□□仁。仁者，子德也。故夫夫、婦婦、父父、子子、君君、臣臣，六者各行其職而讒陷無由作也。[3]

[1] 《郭店楚墓竹簡》《六德》篇第8－9簡。以下凡引《郭店楚墓竹簡》，但注篇名、簡號。

[2] 《六德》篇第1簡。

[3] 《六德》篇第13-24簡，參李零《郭店楚簡校讀記》，載《道家文化研究》第十七輯。

君使人以義，臣事人以忠；夫率人以智，婦從人以信；父教人以聖，子效人以仁。位、職、德的如此搭配，頗有點篳路藍縷的架勢，顯得不那麼通順。於是我們難免要問：像父慈子孝這樣的德目，夫唱婦隨這樣的說法[1]，當時並非沒有；爲甚麼《六德》篇偏要捨近求遠，生搬硬套一些更顯赫更空泛的德目，來敷衍成章呢？莫非其中另有圖謀？這是一樁饒有趣味的拷問，讓我們細細道來。

在這批楚簡的另篇文章《成之聞之》中，我們曾讀到過這樣的語句：

> 天降大常，以理人倫。制為君臣之義，著為父子之親，分為夫婦之辨。是故小人亂天常以逆大道，君子治人倫以順天德。[2]

> 唯君子道可近求而可遠措也。昔者君子有言曰"聖人天德"何？言慎求之於己，而可以至順天常矣。……是故君子慎六位以祀天常。[3]

君子應該"順天德""順天常"和"祀天常"，這對當時的各家各派來說，都是不成問題的共識。問題是，天德天常甚麼樣兒，又在哪里？各家的說法便有了分歧。重視實踐理性的儒家認爲，它遠在天邊，近在眼前；"子曰：道不遠人。人之爲道而遠人，不可以爲道"[4]。君子只要"慎求之於己"，便"可以至順天常"，這叫做"唯君子道可近求而可遠措也"。

需要說明的是，儒家這裏所謂的天德天常，以及他們在許多別的地方談到的天道天行，每每不是本體論的，也常常不是認識論的，而往往是倫理學的。所謂"君子之道，費而隱。夫婦之愚，可以與知焉，及其至也，雖聖人亦有所不知焉；夫婦之不肖，可以能行焉，及其至也，雖聖人亦有所不能焉"[5]。他們認爲，平平庸庸的日用倫理，便是赫赫明明的天道流行；而神秘莫測的大常，必定要從天降來治理人倫。"是故君子慎六位以祀天常"，只要慎於自己所處

---

[1] 《關尹子·三極》。

[2] 《成之聞之》第31-32簡。

[3] 《成之聞之》第37-40簡。

[4] 《禮記·中庸》。

[5] 同上。

的人倫地位，便是答謝上蒼的最佳手段。

因此，六位六職所應遵循的六德，便不能也不會只是特殊性的、只適用於家庭範圍內的瑣德細行；而必定會是更一般的，是天道的直接延伸和顯現，如聖智仁義之類。這就是六德之所以不取孝慈而高唱聖仁的奧秘所在。

這樣做的目的和結果，有利於六位之德不膠著於社會細胞的基礎層次，而得往來於天地之間，與高層領域裏的德行認同；從而鼓舞六職下的全體生民，不以家庭爲限，生髮"人皆可以爲堯舜"的設想，矢志攀升更高境界。當然，不膠著便難免疏離，使普泛的基礎道德淪於虛空，空談聖仁而不著家庭這一社會細胞的邊際。所以，《六德》篇於高唱聖仁的同時，又將"六德"凝縮爲所謂的"立身大法三"，以緊密切合六位，統領三倫，其文曰：

> 男女辨生言，父子親生言，君臣義生言。……男女不辨，父子
> 不親；父子不親，君臣無義。[1]

> 凡君子所以立身大法三，其繹之也六，其衍十又二。三者通，
> 言行皆通；三者不通，非言行也。三者皆通，然後是也。三者，君
> 子所生與之立，死與之敝也。[2]

現在尙不清楚"生言"何意。至於"男女辨""父子親""君臣義"，以及"男女不辨"則"父子不親"，"父子不親"則"君臣無義"等等，含義則是一清二楚的。只有它們，才是"以理人倫"的真正切實的道德要求，"以順天德"的真正可行的行爲規範。《六德》篇不說它們是甚麼"天降"之"大常"，而給了它們一個更實際的名字，叫做"君子所以立身大法"，強調了人的主體性，倒是非常現實主義的。

不過《六德》篇又不劃地爲牢，而主張演繹開去，說這三個立身大法"其繹之也六"，"其衍十又二"。所謂"繹之也六"，那應該就是"父聖、子仁、夫智、婦信、君義、臣忠"，以及"聖生仁，智率信，義使忠"了[3]。至於"其

---

[1] 《六德》第 33-34、39 簡。
[2] 《六德》第 44046 簡，採李零釋文。
[3] 《六德》第 34-35 簡。

衍十又二"，則當是"夫夫、婦婦、父父、子子、君君、臣臣，此六者各行其職"之謂[1]，也就是孔子所說的那個"正名"，即夫應行夫之職，實夫之位；如此等等。

《六德》篇強調，這三大法和六繹、十二衍三者，應該相通，"三者通，言行皆通；三者不通，非言行也。三者皆通，然後是也"。所謂"三者通"，大概是說，對於人倫道德，不能只理解爲聖仁智信義忠那六種天降的大常，也不能只局限爲辨、親、義那三種立身的大法，或者是六對十二個名實的兩兩相應；而應該打通了來理解，即既見其爲天常，又奉之作大法，也實其所當實。只有這樣，才不致流爲空泛，或拘於瑣細，而且既便於言，又利於行，達到所謂的"言行皆通"。後世思想家將三大法僵化爲三綱，變雙向成單向，既不能繹之也六，也無法衍十又二，則是"三者不通"的典型；這裏就不細說了。

四 行

家庭結合而有社會，人倫道德之上乃有社會道德。在楚簡中，社會道德謂之"善"，其《五行》篇中有關"四行"的種種論述，便是儒家（主要是思孟學派）的社會道德學說。

《五行》篇的開宗明義第一章中這樣說：

> 仁形於內，謂之德之行；不形於內，謂之行。義形於內，謂之德之行；不形於內，謂之行。禮形於內，謂之德之行；不形於內，謂之行。智形於內，謂之德之行；不形於內，謂之行。聖形於內，謂之德之行；不形於內，謂之德之行。
>
> 德之行五，和謂之德；四行和，謂之善。善、人道也；德、天道也。

---
[1] 《六德》第 35 簡。

　　這裏所謂的"形於內"和"不形於內"，乃就天道而言。他們認為，天道外於人而在，無聲無臭無色無形，雖細分之為仁義禮智聖諸道，亦無從得其朕兆。勉強形容一下它的形狀，可以謂之為"形而上"即有形以前的模樣。這些形而上的天道，只有被人覺悟，方得成形於人心之內，是為"形於內"；此時的某天道，便謂之某"德之行"（如：仁道形於內，謂之仁德之行；等等）。倘或並未被人覺悟，沒能在人心中成形，只是被仿效於行為，便謂之某"行"（如：仁道不形於內，謂之仁行；等等）。仁義禮智諸道，莫不如此；只有聖道例外。蓋聖之為道，只能形於內而成聖德，不能不形於內而有聖行。所以，形於內的德之行共有五種，簡稱五行，即仁義禮智聖，其和謂之德。不形於內的善之行共有四種，簡稱四行，即仁義禮智，其和謂之善。善是社會人的行為準則或規範，是"人道"即為人之道，或者叫社會道德；德是覺悟人之所以與天地參，是"天道"之現於人心，或者叫天地道德。

　　有關四行與五行、人道與天道、社會道德與天地道德的這一段總論，思路和文路都是相當清楚的。唯一有點麻煩的是"聖形於內，謂之德之行；不形於內，謂之德之行"那一節。這一節在馬王堆帛書中，作"聖形於內，謂之德之行；不形於內，謂之行"。從形式上看，帛書的句子似乎更好些；竹簡的句子似乎有衍誤。但從內容上推敲，卻又似乎不然，因為聖和仁義禮智有別，它高於一切善行，不是行為方式，不與具體物件對應，無從不形於內而竟落實為行。這一點，《孟子·盡心下》的一段話，也許可以引作佐證：

> 仁之於父子也，義之於君臣也，禮之於賓主也，智之於賢者也，
> 聖（人）之於天道也，命也；有性焉，君子不謂命也。

　　孟子這段話，自身本也有點麻煩，那就是"聖人"的人字。其為衍文，已經證明[1]。現在我們從楚簡《五行》中聖與仁義禮智有別的角度來看，《孟子》這裏的聖，也不與具體的人群打交道，而只與天道相往還；這豈不是說，《孟子》的這個聖，也不是人際的行為方式，不能"謂之行"，而只是對天道的覺悟，只能"謂之德之行"嗎？

---

[1] 朱熹《四書集注》"或曰：人衍字。"俞樾《群經平議》："《集注》曰或云人衍字，其說是也。"

　　聖和仁義禮智的這一區別，這一不得謂之行和可以謂之行的不同，劃出了五行和四行的界限，德和善的界限，天地道德和社會道德的界限，是需要認真注意的。

　　五行、四行和六德之間，當然也有界限問題。《五行》篇中，有一節專門描述此三者的基本標幟和主要差別，過去很少受到人們注意，那就是〈經6〉所說的：

　　　　仁之思也清，清則察，察則安，安則溫，溫則悅，悅則戚，戚則親，親則愛，愛則玉色，玉色則形，形則仁。

　　　　智之思也長，長則得，得則不忘，不忘則明，明則見賢人，見賢人則玉色，玉色則形，形則智。

　　　　聖之思也輕，輕則形，形則不忘，不忘則聰，聰則聞君子道，聞君子道則玉音，玉音則形，形則聖。（按，君子道即天道，見帛書《五行》〈說6〉）

　　這裏的三種思和三種形，各自代表著人間的一種道德。其第二種和第三種即智和聖，正如馬王堆帛書《德聖》篇之“知人道曰智，知天道曰聖”所言，分別代表著對人道和天道的認知（所謂的“見賢人”和“聞君子道”）；也如《五行》之〈經19〉和〈經18〉所示，由智之思而生四行與善，由聖之思而生五行和德；就是說，這兩段所表示的是社會道德和天地道德的特徵。至於表現爲溫悅親愛等等的仁之思和仁之形，即第一段，則是血緣親情的流露和提升，其所指示的，是宗法關係內的人倫道德。這仁智聖三者之間，似乎存有某種遞進的關係，其中仁所反映的是人之作爲感情的自然存在，智所反映的是人之作爲理性的社會存在，聖則是二者的結合和超越，反映的是人所可能達到的極致。子貢某次稱頌孔子道：“仁且智，夫子既聖矣”[1]，正可借來理解《五行》篇的這段經文，理解儒家三重道德之間的關係。

　　當我們說儒家三重道德之間有著遞進關係時，必須補充一句的是，社會道

---

[1] 《孟子·公孫丑上》。

德即所謂的四行或善，不僅不足以統轄人倫道德即六德，而且，在儒家看來，它也不能移用於家庭人倫之間。用孟子的話來說，這叫做"父子之間不責善"；他說：

> 古者易子而教之，父子之間不責善。責善則離，離則不祥莫大焉。[1]

> 責善，朋友之道也。父子責善，賊恩之大者。[2]

所謂責善，是以仁義禮智來克制自己和要求對方。孟子認爲，責善乃朋友之道，不可施諸至親之間；父子之間倘若互相責善，那將是最大的賊恩行爲，勢必導致分離和不祥。這也就是說，以智爲基礎的尊尊的理性的社會道德，是不可搬用於以仁爲基礎的父子之間或家庭內部的；那兒需要的是親親的感情的人倫道德。

說到這裏，很容易想起一樁著名的"攘羊"公案，好多思想大家都曾對之發表過高見：

> 葉公語孔子曰：吾黨有直躬者，其父攘羊而子證之。孔子曰：吾黨之直者異於是，父爲子隱，子爲父隱，直在其中矣。[3]

直躬的案例，又見於《莊子·盜跖》、《韓非子·五蠹》、《呂氏春秋·當務》、《淮南子·泛論訓》等篇，細節和評價各各不一。最突出的當推《韓非子》的記載，在那裏，作證的兒子竟以"直於君而曲於父"的罪名被冤殺了。按"直"是一種善行，屬於"義"的範圍、社會道德的範圍。知道有人偷羊而挺身作證，乃社會秩序所要求的義舉，本是一種社會公德。但按照儒家標準或揆諸社會習俗，如果是兒子出面來證實父親，那便成了"曲於父"的賊恩舉動；因爲父子之間，是不能責善的，他們另有一套親親的道德守則。按照那套守則，父子相隱，便是"義"便是"直"；至少也是"直在其中矣"。是非曲直之如此認定，看來並不止於儒者一家而已，上列各家的攘羊評論中，不乏同意之例

---

[1] 《孟子·離婁上》。

[2] 《孟子·離婁下》。

[3] 《論語·子路》。

（直至現代，各國法律仍多有親屬回避制度，作爲對父子相隱的預防和躲避）。

在楚簡中，這叫做"爲父絕君，不爲君絕父"[1]。這種"忠孝不能兩全"的難題，後來一直困擾著中國的社會和家庭，並成爲恒久的悲劇題材。楚簡他篇中所開始出現的仁義並舉現象，或許正是試圖從理論上來彌合這種社會道德和人倫道德之矛盾的舉措，如"愛親忘賢，仁而未義也；尊賢遺親，義而未仁也。……愛親尊賢，虞舜其人也"[2]等等。及至到了孟子，仁義連用成爲定式，社會善德更被歸根於人的善性，人的社會性於是得到進一步加固，自然性受到進一步欺淩。後來在荀子那裏，乾脆宣稱"從義不從父"爲"人之大行"[3]，社會道德的威嚴，乃越發不可一世了。

五　行

五行和四行雖然只有一字之差，只是"仁義禮智聖"與"仁義禮智"之別，彼此卻有著根本的不同。如前所引，五行是天道形於內的德行，是天道，四行是天道不形於內的善行，是人道；二者的內涵和境界大不一樣，儘管其具體德目多所相同。而這個差別，根本地來源於人的不同存在。

我們知道，人首先是一個感性的自然存在，然後或同時是一個理性的社會存在，更後或同時還是一個悟性的精神存在。在儒家看來，作爲自然存在，人應該有六德；作爲社會存在，應該有四行；而作爲精神存在，人還應該修習天道之五行，以求達到"贊天地之化育"，"與天地參"的境界[4]。這三種存在，是任何人所必居的三個位置，每個人都是這樣的三位一體或一體三位。其中，自然存在不用說，那是與生俱來的基礎；社會存在亦如影之隨形，無可逃於天

---

[1] 《六德》第 29 簡。

[2] 《唐虞之道》第 8-10 簡。

[3] 《荀子·子道》。

[4] 《禮記·中庸》。

地之間，儘管彼此差別之大，常常判若天淵；精神存在則是人類獨有的驕傲和標幟，並因各人覺悟與否而有參差。

　　作爲社會存在，人必須使自己的存在容納於社會，協和於社會，服務於社會，有利於社會，就是說，他的行爲應該是善的；那怕因此而承受痛苦作出犧牲，也在所不惜，義無反顧。因爲這是人道，是爲人之道或社會道德，是人性之內的職分；這是四行範圍裏的事。而作爲精神存在，人卻可以了悟其所在社會不過是天地間的一點和一瞬，洞悉社會所謂的善行不過是天道之見諸一地與一時，覺解自己雖一粟於天地，卻可備萬物於我心，因而遂能超出其所在的社會乃至一切社會，超出其自己的社會存在乃至自然存在，而"與天地合其德，與日月合其明，與四時合其序，與鬼神合其吉凶"[1]，"獨與天地精神往來"[2]；這便是五行範圍裏的事。

　　《五行》之〈經 19〉所說的"四行之所和，和則同，同則善"，以及〈經18〉所說的"五行之所和，和則樂，樂則有德"，便是對這兩種境界兩種道德的高度概括。其所謂四行之和則同的"同"，據帛書〈說〉文解釋，是"與心若一也"，"四者同於善心也"。就是說，四行或社會道德，是與人心相一致的，是人性之內的事；守四行即所以盡性。而五行之和則樂的"樂"，據〈說〉文解釋，指的是"流體也，機然無塞也"，"德之至也"。就是說，五行或天地道德，是天道之暢流人體，是德之至極，行五行是最大的快樂。

　　按，道德與快樂或幸福的關係問題，本是西方倫理學說中一直糾纏不清的老問題。一般說來，其唯物主義者多從人的自然性個體性出發，認趨樂避苦爲人的本能，視修德求福乃同一行爲，相信德行是快樂和幸福的源泉，幸福與快樂是德行的動力。唯心主義者則重視人的社會性總體性，認爲人類不同於屈服自然欲求的動物，其道德行爲不是爲了快樂或幸福，而是基於某種理念，所以能夠以自覺地犧牲幸福忍受痛苦爲代價。如此等等。這兩種觀點的偏頗之處在於，它們都只強調了人之爲人的一個方面，而且是與快樂或幸福無大相關的方面；唯物主義強調的是人的自然存在，唯心主義強調的是人的社會存在。而快

---

[1] 《易·乾·文言》。
[2] 《莊子·天下》。

樂和幸福，本是情感和精神方面的感受和體驗，忽視了人之作爲精神的存在，忽視了作爲精神存在規範的德行，是說不清楚道德與快樂或幸福的關係的。《五行》篇在這點上，似乎便找到了眞正的關鍵所在。它在談論四行即人之作爲社會存在所應奉行的社會道德時，沒有涉及快樂或幸福的話題，而只說到"同"和"善"，意味著人同此心，心同此善而已。只是在談論五行即人之作爲精神存在所應奉行的天地道德時，才提出了"樂"，且多次強調"不樂則無德"，將"樂"紮根於天道之中，落實爲得道者的精神狀態。

作爲例證，我們不妨回憶一下顏回的故事：

> 子曰：賢哉，回也！一簞食，一瓢飲，在陋巷，人不堪其憂，
> 回也不改其樂。賢哉，回也！[1]

簞食，瓢飲，陋巷，是作爲自然存在之人的起碼存在條件。一般人"不堪其憂"，說明一般人的樂趣在於酒醉飯飽和高門大屋。"回也不改其樂"，不是說顏回樂此貧困，而是說此貧困改變不了他所已得之樂，因爲他的樂不在此物質範圍之中，而另有其精神性的樂處，所謂的"孔顏樂處"。

還有一個例證，雖是假設的，卻是合理的——當然是儒家之理。文曰：

> 桃應問曰："舜爲天子，皋陶爲士，瞽瞍殺人，則如之何？"
> 孟子曰："執之而已矣。"
> "然則舜不禁歟？"
> 曰："夫舜惡得而禁之？夫有所受之也。"
> "然則舜如之何？"
> 曰："舜視棄天下猶棄敝屣也。竊負而逃，遵海濱而處，終身
> 欣然，樂而忘天下。[2]（注：桃應，孟子弟子。士，大法官。瞽瞍，舜父。有所受之，
> 謂皋陶奉命執法。）

舜不以位居天子爲樂，卻因保全父親而樂其天倫之樂，並且"樂而忘天

---

[1]《論語·雍也》。
[2]《孟子·盡心上》。

下"，忘掉了一切社會存在。一望可知，舜的行爲是違背社會道德的，但它成全了人倫道德；這是一個大矛盾。孟子所想告訴我們的，恐怕尚不止於這一點忠孝矛盾而已，應該更有深意在焉。他大概是想說，這一棄位竊負的全部行爲，既出自一位大聖人之手，自無違於聖之所以爲聖，也昭示了樂之所以爲樂。就是說，儒家所追求的樂，只在兩個領域裏存在：一個是家庭人倫之中，一個是我心之中的天地。類似的意思，孟子還說過：

> 孟子曰：君子有三樂，而王天下不與存焉。父母俱存，兄弟無故，一樂也；仰不愧於天，俯不怍於人，二樂也；得天下英才而教育之，三樂也。君子有三樂，而王天下不與存焉。[1]

一樂是人倫之樂，相當於舜的竊負而逃；二樂是天地境界之樂，相當於舜的終身欣然；三樂樂在後繼有人，自己的哲理得以不墜。至於王天下之"樂"，即人之作爲社會存在的至樂，是不包括在君子之樂之中的，它只不過是一隻破草鞋，棄之不顧可也。

由此數例可見，儒家（主要是思孟學派）所謂的樂，全無任何物質分子、利害關係在內，它僅僅是一種感情，一種精神，從而與人倫道德特別是天地道德密切相關。西方倫理學家譬如康德雖也能將快樂同利益隔開，但卻又認爲快樂與道德也毫不相干；那是因爲他們只注意了社會道德，只看重了人的社會存在。要知道，人還是一自然存在與精神存在，還有人倫道德與天地道德；感情與精神的幸福與快樂，正是建築在它們的基礎之上。

天地道德作爲人之精神存在的皈依，其內容主要在於安頓人與天地的關係，人與人類的關係，以及，人與自我即身與心的關係。孟子將它形象地稱之爲"浩然之氣"。據說這種道德或這樣的氣，是可以慢慢培養起來的，也只能慢慢地培養起來；用孟子的話來說，叫做"是集義所生者，非義襲而取之也"[2]。在《五行》篇中，則叫做"積"："舜有仁，我亦有仁，而不如舜之仁，不積

---

[1] 同上。

[2] 《孟子·公孫丑上》。

也。舜有義，我亦有義，而不如舜之義，不積也。"[1]所謂積或集義，就是集合一件件的義舉，也就是一步步地爲善，做四行的事。據說集義到了一定程度，便會發生一個突變，由善而聖，出來浩然之氣，進入天地道德境界。其具體步驟，孟子曾經這樣說過：

> 可欲之謂善，有諸己之謂信，充實之謂美，充實而有光輝之謂
>
> 大，大而化之之謂聖，聖而不可知之之謂神。[2]

善是可欲的，即可以追求和修習的。經過追求修習而具備善德，謂之信，即確實存在的意思。繼續充實已有的善德，是爲美。由於善德充實而有光輝，謂之大。如此不斷前進，經過一次"化之"即質變，然後遂可抵達聖和神，具備浩然之氣和天地道德了。這六層階梯，前兩層是四行的善，後兩層是五行的德；中間兩層，是由前到後的轉進，四行由此遂超升成了五行。因此，四行作爲行爲的善，是有止境的，它將昇華爲德；而五行作爲精神的德，則永無止境。這就是〈經8〉所說的：

> 君子之爲善也，有與始也，有與終也。君子之爲德也，有與始
>
> 也，無與終也。

必須補充的是，正如父子之間不能責善、社會道德不可移用於家庭一樣，社會人之間也不能責德或責聖，天地道德也不可移用於社會。這不僅因爲道德是自律的，還因爲求全與責備，也有悖於儒家的方法論。儒家只鼓勵"塗之人可以爲禹"，絕不用禹的標準去要求塗之人；只提倡"人皆可以爲堯舜"，並不拿堯舜的境界來責難每個人。人的一切行爲都由於自己，天地道德，更是要由自己來一步步攀登的。

---

[1] 《五行》〈說24〉。

[2] 《孟子·盡心下》。

*

六德、四行、五行，構成了儒家的完整道德體系。這個體系，始於對人的自然親情的確認、尊重和人文化，所謂的"男女辨""父子親""君臣義"；然後乃由"親親而仁民"，提升為以尊尊為標幟以善行為指歸的理性的社會道德；更後再由"仁民而愛物"，超越具體的社會歷史情景，復歸於大自然懷抱，民胞物與，參贊化育。《中庸》曰："君子之道，造端乎夫婦；及其至也，察乎天地"，此之謂也。

四

馬王堆帛書解開了思孟五行說古謎

（一）

荀況於《非十二子》篇批判子思、孟軻學派時說：

> 略法先王而不知其統，猶然而材劇志大，聞見雜博。案往舊造
> 說，謂之五行。甚僻違而無類，幽隱而無說，閉約而無解。案飾其
> 辭而祇敬之曰：“此真先君子之言也。”子思唱之，孟軻和之；世
> 俗之溝猶瞀儒，嚾嚾然不知其所非也，遂受而傳之，以為仲尼、子
> 遊為茲厚於後世。是則子思、孟軻之罪也。

荀況這一篇檄文的詞義很是激烈，可是思孟五行說的內容究竟是些什麼，卻只字未提。或許在他當時，因為思孟的原書俱在，“受而傳之”的“俗儒”又複不少，並無說明的必要吧？他決不會料到，時過境遷，原意湮滅，言人人殊，莫衷一是，他所指的思孟五行說，對於後人，竟成了千古不解之謎。

頭一個出來解謎的，是一千有零年以後的唐人楊倞。楊注《荀子》“謂之五行”句說：“五行——五常，仁義禮智信是也。”他是根據什麼斷定這個“五行”就是“五常”的，也只字未提。或許在他那個時候，也無說明的必要吧？因為自從董仲舒以“仁智信義禮”配五行“木火土金水”（見《白虎通·情性》）以後，這“五行”和“五常”，在註疏家手裏，就常被根據解經的需要而交互使用，不必多做任何說明了。例如，鄭玄注《樂記》“道五常之行”句說：“五常，謂五行也。”成玄英注《莊子·天運》“天有六極五常”句也說：“五常，謂

121

五行。"既然有人用"五行"來解釋被指認爲子思所作的《中庸》時,開宗明義頭一章,就用了"木神則仁,金神則義,火神則禮,水神則信,土神則智"的話來暗示子思的五行說,這已是眾所周知的常識了。所以,楊倞只是簡單地宣佈一下:"五行——五常",既不說明根據,又不進行論證;也不見有誰出來表示懷疑。這種情況,在當時的社會裏,是自然而又必然的。因爲,所謂"五常",不過是被上升爲絕對律令了的統治階級的道德教條;而所謂"五行",則又是被神秘化了的宇宙構成圖式。使道德觀服從宇宙觀,或用宇宙觀來範圍道德觀,本是任何一元論哲學的理論要求。從董仲舒那個時候起,中國封建地主階級已經基本上完成了這個工作,構築了一個統轄一切的龐大而又神秘的哲學體系,並用這個體系去解釋此前直至開闢地時候的一切問題,而不必懷疑有無足夠的根據和進行必要的論證。因爲,這個體系,已經被"證明"爲"天經地義"了,正如這個階級相信自己的統治是"天經地義"一樣。祇是這樣一來,在荀況那裏曾有過的對思孟學派的幾分批判精神,到此已完全蛻變爲頂禮膜拜,而關於思孟的五行說,並沒有給人提供出正確的答案。

這又過了一千有零年。

到了近代,隨著資產階級嶄露頭角,章太炎重新提起這個問題。他認爲,思孟的五行說,還不簡單地就是"五常",而且更有"以水火土比父母于子"這樣的"五倫"內容;它上承"古者《洪範》九疇舉五行傳人事"的未彰之義,下啓"燕齊怪迂之士" "□世誣人"的神奇之說,"宜哉荀卿以爲議也"(見《子思孟軻五行說》,《章氏叢書》)。

同章太炎說法差不多的有梁啓超。他認爲,思孟的五行說,或者是指君臣、父子等"五倫",因爲《中庸》裏面以之爲"天下之達道",而"道"有"行"義;或者是指"仁義"等"五常",因爲子思"或《中庸》外尚有著述",而"孟子則恒言仁義禮智"。總之,"決非如後世之五行說,則可斷言耳"(見《陰陽五行說之來歷》,《東方雜誌》第二〇卷第一〇號)。

章、梁的說法代表了他們這些人中的一種傾向。其另一傾向爲懷疑一切、否定一切;在這個問題上發了言的代表人物有劉節和顧頡剛。他們不約而同地先後提出一個大膽的假設,從根本上否定了思孟與五行說的關係,認爲:宣傳五行說的本是鄒衍，不是孟軻；由於鄒、孟都是鄒人，學說都流行於齊魯之間，甚至有部分類同（他們認爲鄒衍也是儒家），因而在 "傳說中誤合爲一人"；以至荀況錯把鄒衍的五行當做孟軻的學說來批評了。又因孟軻受業於子思的門人，從而連累及子思。他們的結論是：這實在是一樁歷史性的大誤會 (見劉節：《洪範疏證》、顧頡剛：《五德終始說下的政治和歷史》，均載《古史辨》第五冊)。

這幾位學者不以封建經師無論據的說法爲滿足，另辟蹊徑尋求新解，給了人們以一定的啓發；也反映了過去的 "天經地義" 已經失效，資產階級要建立自己的樂園的社會動向。可惜的是，他們或者由於同過去聯繫太深，一時跳不出舊的窠臼；或者對過去不知分析，全盤給予否定，無端加以懷疑。因而，他們並不能真正破掉舊的體系，也不能真正建立自己的體系；在思孟五行說的問題上，也未給人們留下什麼積極的東西。

一潭死水被如此攪動了兩下，除了岸邊留下些許濕痕外，慢慢又回復到老樣子。

一些力圖用唯物史觀指導自己思想的學者崛起了。他們馳騁於五千年間，也接觸到了我們這裏所討論的問題。

范文瀾認爲，五行家的本領在 "推氣運" 以及 "懂得科學的曆法和迷信的占星"。他引《孟子》上談論 "五百年必有王者興" 的兩段 (《公孫丑下》、《盡心下》)，證明從 "《孟子》七篇，很看到些氣運終始的痕跡"；又引 "千歲之日至，可坐而致也" (《離婁下》) 及 "天時不如地利" (《公孫丑下》) 兩段，說明孟軻也懂得曆法和占星術。結論是："原始的五行說，經孟子推闡之下，已是栩栩欲活；接著鄒衍大鼓吹起來，成了正式的神化五行。" (見《與顧頡剛論五行的起源》，《燕京大學史學年報》第三期，一九三一年)

郭沫若則另創新解，認爲思孟所造的五行說是 "仁義禮智誠"。他引《孟子》的 "仁之于父子也，義之於君臣也，禮之於賓主也，智之於賢者也，聖人之于天道也" 而發揮說："'天道' 是什麼呢？就是 '誠'"。"其在《中庸》，則是說：'誠者天之道也'。" 他提請讀者注意：思孟書中除大談 "仁義禮智" 外，"更把 '誠' 當成了萬物的本體，其所以然的原故不就是因爲誠信是位於五行之中極的嗎？" 於是他結論曰："故爾在思孟書中雖然沒有金木

水火土的五行字面，而五行系統的演化確實是存在著的。”（見《儒家八派的批判》，載《十批判書》）

范、郭二老的見解，把問題推進入一個新的階段。在這裏，不是捫燭扣盤，而是力圖從思孟思想的全體著眼；不再泥於舊轍，而是要重新審查五行說和思孟書的全部歷史材料。這樣做去，縱然一時所得的具體結論不盡符合歷史真實，而方法既然對了，迷宮的出口當不會很遠。

大家在向前探索著，並期待著新的發現。

（二）

一九七三年十二月，長沙馬王堆第三號漢墓出土了一批帛書。其中有兩卷帛上分別抄著兩部《老子》，現在叫做甲本和乙本。甲本的卷後和乙本的卷前，各有儒家學說。甲本卷後的第一篇和第四篇佚書，屬於儒家思孟學派，給解開兩千多年來未得其解的思孟五行說之謎，帶來了一把鑰匙。

《老子》甲本卷後古佚書之一，無篇題，共一百八十二行（自帛書原第一七〇行至第三五一行），原分十九段，約五千四百字，字近篆體。從文中不避“邦”字（第三四二行有“邦人之廁”）推測，抄寫年代當在漢高祖劉邦卒年（西元前一九五年）以前[1]；而從字體及其儒學內容來看，又應上抄寫于秦亡（前二〇七年）之後。這個抄寫的年代，是可以大致確定的。

至於它的寫作年代以及作者和篇名，尚無法確指。帛書出土時已有脫爛，加之內容上辭義重復，因而乍一讀去，幾乎無法理出一個頭緒來。可是耐心細讀幾遍以後，將會發現，這篇佚書原由兩個部分組成；自第一七〇行至第二一四行，即原第一大段，為第一部分；自第二一五行的提行另段開始，直至末尾

---

[1] 古人“卒哭乃諱”（《禮記·曲禮》，並見《檀弓》、《雜記》），生者不相避名。至漢景帝時，始有生諱之例。有人據“邦”字斷定甲本抄于漢高祖建國之前，不足訓。

第三五一行，爲第二部分。第一部分提出了若干命題和基本原理，第二部分則對這些命題和原理進行了解說。這是戰國時期的一種文章格局。《管子》、《墨子》、《呂氏春秋》、《韓非子》等書中，都有這種篇章。照當時的習慣說法，這第一部分叫《經》，或有一個切合內容的題目某某；第二部分叫《說》，或者叫《某某解》。

按照這種格局去讀這篇佚書，更將發現，現存的第一部分即《經》的部分，內容是完整的，首尾一貫的；而第二部分和前面，則應有闕文。因爲現存的第二部分即《說》的部分，以“聖之思也輕”開頭，而這是從中途開始對第一八三行《經》文的解說；此後的三十一行《經》文，在《說》中逐句有解；而此前的十二行並非獨立的《經》文，卻缺少應有的解說。這就是說，在現有的第二部分之前和第一部分之後，即第二一五行和二一四行之間，顯然缺少了五十行左右（按現有比例推算）的解說文。這是一個無可奈何的損失。儘管是這樣，由於這篇佚書有《經》有《說》，兩大部分互相校補以後，全書竟然可以基本讀通。

通讀全書，便會進一步發現，全書的主旋律，是詠歎“德”和它的“形”及“行”；這個“德”，是“天道”在人心中的顯現。書中沒有談論具體的經濟主張和政治原則，是一篇探討道德哲學以研究如何成爲“君子”而達到更有效的統治論文（同卷中的佚書之四，內容與“之一”差不多，惟脫爛過多，無法復原，姑作“之一”附錄對待）。

可以當作全書脊梁來看的一段話，是這樣說的：

聞君子道，聰也。聞而知之，聖也；聖人知天道。知而行之，義也。行之而時，樂也。見賢人，明也。見而知之，智也。知而安之，仁也。安而敬之，禮也。仁義，禮樂所由生也。五行之所和，和則樂，樂則有德，有德則國家興。□□□□□《詩》曰：“文王在上，於昭於天”，此之謂也。

見而知之，智也。知而安之，仁也。安而行之，義也。行而敬之，禮也。仁義，禮智之所由生也。四行之所和，和則同，同則善。（〈經18、19〉，見本書第七一、七四頁。異體字、錯字及脫爛字已改補，詳見“校注”。下同。）

125

這是《經》文。第二七九——二九四行，是這兩段《經》的《說》。根據《說》文，得以把這段話裏的四十多個闕字大體補齊，基本上恢復舊觀。

這兩段《經》文裏，提出了"聰"、"聖"、"義"、"樂"、"明"、"智"、"仁"、"禮"八個道德規範，構造了八者之間的關係，對分別達到這些規範的不同境界給了"德"或"善"的品評，並用了"五行""四行"對這些規範予以概括；這是一份相當集中而整齊的儒家倫理學的德目單。

這些德目的唯心主義屬性和剝削階級實質，是不待言的，現在需要我們注意的是，查清他們在思想史中的派系，以便確定它們同哪一些經濟主張和政治原則結合在一起，從而斷定它們是爲什麼樣的經濟基礎和階級要求服務的。

翻閱帛書寫定前後的一些現存書籍，我們可以查出，《莊子‧在宥》篇裏有一段話，正好是對著這種道德學說開火的。那裏說：

> 而且說（悅，下同）明邪（耶，下同）？是淫於色也；說聰邪？是淫於聲也；說仁邪？是亂於德也；說義邪？是悖於理也；說禮邪？是相（助也）於技也；說樂邪？是相於淫也；說聖邪？是相於藝也；說知（智）邪？是相於疵也。天下將安其性命之情，之八者，存可也，亡可也；天下將不安其性命之情，之八者，乃始臠卷獊囊而亂天下也。而天下乃始尊之惜之，甚矣天下之惑也！豈直過也而去之邪？乃齋戒以言之，跪坐以進之，鼓歌以舞之，吾若是何哉！

《在宥》篇的確切寫作年代，我們也已無法搞清；但有一點可以確信無疑的是，它所著力攻擊的"之八者"，一個不差地正是佚書論證的那八德。另外還有一點可以看出來的是，這一段話中的末幾句，同《非十二子》那一段話中的末幾句，意思是一樣的，都是批評當時的某些儒者對所指責的學說在盲目崇拜和擴大宣傳。這樣，我們很自然地會產生一種聯想：如果時間上差距不大的話，《在宥》所批評的"八者"，有無可能正是《非十二子》所批評的"五行"呢？

當然"八"和"五"有著量上的差別，要求馬上對這個問題做出肯定或否定的答復，還嫌爲時過早。我們且先尋找一些中介環節再說。

《賈誼·新書》有個《六術》篇，那裏說：

> 陰陽各有六月之節，而天地有六合之事；人亦有仁、義、禮、智、聖之行，行和則樂，與樂則六：此之謂"六行"。[1]

《六術》篇是否出自賈誼之手，我們難以斷定；從它崇"六"的情況來看，它的寫作年代同賈誼的年代上下不致太大。我們知道，自從秦始皇宣佈得水德，"數以六爲紀"（《史記·秦始皇本紀》）以後，"六"這個數，不僅取得了神聖的屬性，而且還帶有法律的威力，以致漸漸成了計數的框框，立論的套套。所謂"六則備矣"，"數度之道，以六爲法"（《賈誼新書·六術》），就是明證。大概直到漢武帝太初改曆，確認漢應土德後，"六"的這種地位，才由"五"來取代。

明白了這樣一個歷史背景，我們便不難看出，《六術》篇所記的"行"於人的那"六行"，明顯地帶有湊數的痕跡。它先說了"仁義禮智聖"這五個"行"，然後說，"行和則樂"，"與樂則六"。這樣湊起來的一個序列，與我們所研究的這篇佚書以至思孟五行說，有無源流關係呢？

另外，我們還注意到，賈誼曾於文帝時期在長沙做過四年多的王太傅。這批帛書是長沙王相利蒼兒子的殉葬品，而立"六行"之說，更託名於賈誼，當不致太無根據吧？

這些蛛絲馬跡，我們從佚書中可以得到進一步的肯定。前面說過，佚書列了八個道德規範，並構造了八者之間的關係。它所構造的關係中，對於我們現在所討論的問題來說，有兩點值得特別注意：第一，它把"聰"和"明"放在次列或前列的位置，作爲達到"聖"和"智"的一個階段或一種手段，與其他六者的地位不一樣：

> 聰也者，聖之藏於耳者也；明也者，智之藏於目者也。聰，聖之始也；明，智之始也。故曰：不聰明則不聖智，聖智必由聰明。（〈說
>
> 13〉見本書第六一頁）

---

[1] 引文據《四部叢刊》影印明正德長沙刻本。宋淳□八年長沙刻本同。宋建寧府本、抱經堂叢書本有誤，詳見《叢書集成》□文□校本。

　　所以，八個道德規範實際上祇剩下六個：仁義禮智聖樂。這六個，正好就是《六術》篇所謂的那"六行"。

　　不僅此也。第二，這六個道德規範之間還有一種關係，就是"樂"和其他五者分開，五者之和爲樂。這一點，前引的〈經 18〉文中已見過了。不過那一段脫爛太多，所補的文字，雖自信有足夠的根據，仍難保免於武斷；爲此，另引兩段如下：

　　　聞道而樂，有德者也。〈經 28〉

　　　　"聞道而樂，有德者也"，道也者，天道也，言好德者之聞君子道而以夫五也爲一也，故能樂，樂也者和，和者德也。〈說 28〉

　　這裏的《經》和《說》都是談"樂"的。怎樣才能樂呢？"以夫五也爲一"則樂。"夫五"是什麽？從全書內容看，正是那個仁義禮智聖。"爲一"，就是"和"了。如此排列起來的"仁義禮智聖"同"樂"的關係，也正好是《六術》篇所列的那樣關係。

　　據此，我們不妨這樣推定：《六術》篇中所謂的"行"之於人的"六行"，是漢代初年的儒生對佚書思想的一種概括和改造；《在宥》篇中所謂的"八者"，則是戰國後期的道者對佚書所論範疇的輕蔑復述。

　　而在佚書本身，是既不用"六行"這樣的術語，也不簡單地羅列"八者"，卻謂之"五行"和"四行"。而這一點，正是我們所要尋找的思孟五行說的謎底。

（三）

　　探索思孟五行說，最可靠的根據當然還是他們自己的著作。司馬遷說："子思作《中庸》"（《史記·孟子荀卿列傳》）。《漢書·藝文志》裏卻說："子思二十三篇"、"孟子十一篇"。思孟的著作情況究竟怎樣，二千年來也是眾口不一。

為慎重起見，我們且以公認可以作為思孟學派資料看的《孟子》七篇作根據，看看佚書同《孟子》有無思想上的源流關係，佚書的五行說是否來自《孟子》；從而，嘗試著由此推定思孟五行說的大致情景。

孟軻道性善，說"仁義禮智"是"根於心"的君子本性。這是大家熟知的。

佚書則稱"仁義禮智"為"四行"，並舉為"善"的表徵：

> 四行和，謂之善。（〈經 1〉，見本書第四四頁）

> 四行之所和，和則同，同則善。（〈經 19〉，見本書第七四頁）

> 四行成，善心起。（佚書四，見本書第四一頁）

稱"仁義禮智"為"四行"，這大概是佚書的造說；還沒有見誰把"四行"同孟軻聯繫起來過。佚書的這一發明，應該說，是深得孟軻學說之心的。孟軻的五行說都有哪些，我們暫還不知道；但我們知道，他談得最多並成為其學說核心的，正是這四個"行"；所謂"性善"，也正是這"四行"的根於一心。在這一點上，佚書之與《孟子》，正如肖子之與生母，是一眼便可認得出的。

比較麻煩的是五行說。佚書以"仁義禮智聖"為"五行"，還說"五行"和則"樂"。粗粗想來，《孟子》七篇中仿佛沒有這樣說過。其實不然。

仔細讀佚書，可以發現，它在"仁義禮智"之外，也正談過"聖"和"樂"。《孟子》中有云：

> 集大成也者，金聲而玉振之也。金聲也者，始條理也；玉振之也者，終條理也。始條理者，智之事也；終條理者，聖之事也。（《離婁下》）

佚書中則有：

> 〈經 21〉君子集大成。能進之，為君子，不能進，各止於其里。

> 〈說 21〉"君子集大成"。成也者，猶造之也，猶具之也。大成也者，金聲玉振之也。唯金聲而玉振之者，然後已仁而以人仁，

已義而以人義。大成至矣，神耳矣！人以為弗可為也，無由至焉耳，而不然。

"能進之，為君子，弗能進，各止於其里"。能進端，能終端，則為君子耳矣。弗能進也，則各止於其里。不藏欲害人，仁之理也；不受籲嗟者，義之理也。弗能進也，則各止於其里耳矣。終其不藏欲害人之心，而仁覆四海，終其不受籲嗟之心，而義襄天下。仁覆四海，義襄天下，而誠由其中心行之，亦君子已！

〈經9〉金聲而玉振之，有德者也。金聲，善也；玉振，聖也。善，人道也；德，天道也。唯有德者然後能金聲而玉振之。

對照這兩邊引文，自會發現，佚書同《孟子》，在這裏不僅思想相同，而且連語言也一樣，幾乎無需多加說明。有差別的祇是，在佚書裏面，"君子"是最高人格，是"有德者"，而在《孟子》裏則叫做"聖人"；如此而已。佚書中的"能進端""能終端"的"端"，大概就是《孟子》中的"四端"。如果是這樣，則"終"當為"充"之假借，擴而充之之意。或者將"能進端""能終端"作"始條理""終條理"看，也可備一說。

據此，可以說，佚書中的"聖"，原是脫胎於《孟子》的。

最為關鍵的證據是：《孟子》也曾將"仁義理智聖"並列，來談論人性和天命的關係；祇是由於它同漢儒的"五性之常"不合，被篡進了衍文，而不為人們所熟知了。《盡心下》篇說：

孟子曰：口之於味也，目之於色也，耳之於聲也，鼻之於臭也，四肢之於安佚也，性也；有命焉，君子不謂性也。仁之於父子也，義之於君臣也，禮之於賓主也，智之於賢者也，聖人之於天道也，命也；有性焉，君子不謂命也。

這一段話，大意很明確，句法也很整齊，應該沒有歧義。可是由於"聖人之於天道也"一句與其他句子不類，頗產生過不少麻煩，以致促成了對思孟五行說之不得其解的大困難。

據說宋人吳必大"嘗疑此句比上文義例似於倒置"意思是說，這句話可能應該作"天道之於聖人也"，請教過朱熹。朱熹說，沒錯（見《朱子大全·答吳伯豐》）。這種答覆是必然的。因為，《孟子》中的這一段話，是宋儒分別氣質之性、義理之性的重大經典根據，為理學家安身立命之所在；朱熹當然不敢隨便同意其中有什麼"倒置"之處。可是，這一句話又確實有點彆扭，所以朱熹在他的《四書集注》中悄悄注了一筆："或曰：'人'衍字。"[1] 照此說來，這句話就應該是"聖之於天道也"了。可是，由於朱熹這個注加得理不直，氣不壯，很少引起人的理會。自那時以來，一些人有用"倒置"法把這句話改讀為"天道之於聖人也"（如《十批判書》），以求得同前幾句一律的；更多的人則固守經典，曲為之說。總歸是說不妥貼。

現在有了馬王堆帛書，我們可以而且應該理直氣壯地宣佈："聖人之於天道也"一句中的"人"字，是衍文，應予削去；原句本為"聖之於天道也"。孟軻在這裏所談的，正是"仁義禮智聖"這"五行"。

"聖"的本義同於"聽"，引伸為"淵博通達"，以表示人的知識高度。《詩經》裏將"聖"和"哲"並舉（《小雅·小旻》），"聖人"和"愚人"對舉（《大雅·桑柔》），《尚書》裏認為"聖"同"狂"可以轉化（《多方》），以"聖"同"彥"連稱（《秦誓》）；都是在這種意義上使用的。後來慢慢被賦予了道德的屬性，更誇大成未卜先知（《老子》指責的"前識者"），一直到成為"超人"，距離本義越發遠了。孟子以"聖"同"仁義禮智"並列，原是在道德意義上、未卜先知的意義上來使用它的。看他下面說"君子"是沒有資格代"聖人"考慮不應該怎麼辨的。當然，孟軻的時候，"聖"字已經有了超人的意思，他也曾用過這種意思（如《盡心下》的"大而化之之謂聖"）；但"聖之於天道也"這樣一個錯誤。

"仁義禮智聖"之外，《孟子》也談"樂"。《離婁上》篇就說：

> 仁之實，事親是也；義之實，從兄是也；智之實，知斯二者弗
> 去是也；禮之實，節文斯二者是也；樂之實，樂斯二者，樂則生矣。

---

[1] 朱熹又據此以為"智之於賢者也"的"者""當作否"。又，俞樾《群經平義》："《集注》曰：或雲'人'衍字，其說是也。

　　這裏談的是"仁義禮智樂"及其關係，"仁義"被歸結爲"孝悌"，並列爲諸德之核心，這又是孟軻"案往舊"之處，我們暫且不管它。現在需要注意的是，"樂"在這裏被作爲一種品德（而不是人爲制度或藝術）和其他諸德聯繫來談，這種觀點，在佚書和《六術》中得到大大發揮。

　　綜觀這一切，我們應該可以得出這樣一個結論：馬王堆帛書《老子》甲本卷後古佚書之一，是"孟氏之儒"或"樂正氏之儒"的作品，也許竟是趙岐刪掉了的《孟子外書》四篇中的某一篇。這篇佚書的發現，解開了思孟五行說的古謎，是學術史上的一件大事，值得認真慶賀。

　　據此，這篇佚書，不妨取名爲《五行篇》。

五

思孟五行新考

一、“五行”不必爲“水火木金土”

　　“五行”，通常是指“水火木金土”，有時更推及由之引伸構造起來的五色、五常等等一大套五的體系，已爲人們所共知。這個五行體系中的某些因素，如五方、五材等觀念，發生的時間較早，可上溯到文明之始；它們被納入一個哲學體系，大概是戰國末年的事。直至西漢後期，龐大的包羅宇宙的五行系統，才最後構築完成。因此，在一般情況下，尤其在漢以後的文獻中，見到“五行”字樣，大體上可以按通常的用法去理解，並不致有什麼差錯。但對先秦典籍中的“五行”一詞，卻不能一概而論。例如，《尚書·甘誓》有“有扈氏威侮五行，怠棄三正”一段，這是迄今爲止所知的文獻中“五行”二字的最早出處。如果照通常的理解，說五行就是水火木金土，在這裏顯然說不通；因爲對這五種東西，誰也無法“威侮”[1]它們。所以鄭玄在注經時推廣了一下，採用五行體系的說法，曰：“五行，四時盛德所行之政也。”（據《史記·夏本紀集解》引）這個四時之政，就是《禮記·月令》、《呂覽·十二紀》及《淮南·時則》所說的那一套，它是與五行相配的一種明堂盛德說，是相當體系化了的五行思想。這種思想，流行於漢武帝以後。東漢人鄭玄用它來說經，本是自然而以又必然的；可是它卻絕非《甘誓》的本意。因爲《甘誓》雖非夏朝實錄，卻不致晚於《墨子》（《墨子·明鬼下》大量引證《甘誓》）；它所謂的五行，即使指的水火木金土及其系統，也不會有“四時五德”那樣的內容，應該是可以肯定的。鄭玄倡導這種

---

[1] 王引之《經義述聞》三十，“威乃滅之訛，威乃蔑之借。蔑侮，皆輕慢也。”

解釋，無助於瞭解古書，反而搞亂了思想的歷史。

　　後來僞孔安國傳也跟著說：“五行之德，五者相承所取法”，孔穎達正義：“五行，水火金木土也，分行四時，各有其德……王者所取法。”這樣眾口一詞，幾成定論，其實是經不起深究的。所以孔穎達的正義，於疏不破注之外，特地多說了這樣幾句：“且五行在人，爲仁義禮智信，威侮五行，亦爲侮慢此五常而不行也。”孔穎達可能覺得把明堂盛德之說加到夏代，加在“腓無胈，脛無毛、沐其風，櫛疾雨”，“衣衾三領，桐棺三寸”的夏禹兒子身上，顯然太早了，所以另備一說，用“侮慢五常”來解釋“威侮五行”。這個說法，比之鄭玄的解釋，似乎平實一些，但也未必就是《甘誓》的原意。因爲，這個“侮慢五常”的說法，顯係孔穎達輕信了僞古文《泰誓》的結果。僞《泰誓》有“今商王受（紂）狎侮五常，荒怠弗敬”句，同《甘誓》上指責有扈氏的說法略同。孔穎達釋“五行”爲“五常”，根據當在這裏。

　　其實，僞《泰誓》的這兩句話，本是很成問題的。我們試將其與今文《泰誓》、《牧誓》、《甘誓》對照來讀——

今文《泰誓》(據孫星衍輯本)	《牧誓》	僞古文《泰誓》	《甘誓》
今商王紂乃用其婦人之言，自絕於天，毀壞其三正，遏離其王父、母弟。	今商王惟婦言是用，昏棄厥肆祀弗答，昏棄厥遺王父、母弟不迪。	今商王受狎侮五常，荒怠弗敬，自絕於天，結怨於民。	有扈氏威侮五行，怠棄三正。

　　可以看出，僞《泰誓》中的“五常”二字，是相關的和類似的誓師辭中獨有的。它是從今文《泰誓》和《牧誓》所列具體罪行中概括而來、並參考了《甘誓》的“五行”字樣擬定的，而今文《泰誓》和《甘誓》中都有的“三正”一詞，卻未被採用，那大概是誤會爲“建丑建寅”了；這樣的三正，出自周武王

之口，當然是悖理的，於是改用了"弗敬"二字。這樣的一改一用，一增一減，作偽者以爲天衣無縫，不料卻正好暴露了僞《泰誓》的時代色彩，它的著作年代，應該就在"五常（仁義禮智信）"已經確立、"三正"專指子丑寅的時期。具體地說，大概就在宣佈《泰誓》被發現的漢武帝或漢宣帝時期。[1]孔穎達不能看出這些，惑於其他一些表面現象，相信僞古文《泰誓》爲真（見《尚書》孔疏《序》）、用"狎侮五行"來講"威侮五行"，固然免去了使明堂盛德說早出的紕繆，卻又把"仁義禮智信"的出現年代大大推前；其錯誤之處，同鄭玄並無二致。

近代的梁啓超看穿了這一切。他解釋《甘誓》之文時說："後世注家多指五行爲金木水火土，三正爲建子建丑建寅"，"金木水火土五行，何得云威侮，又何從而威侮者？竊疑此文應解爲威侮五種應行之道，怠棄三種正義。其何者爲五，何者爲三，固無可考，然與後世五行說絕不相蒙，蓋無疑。"（《陰陽五行說之來歷》）梁啓超的說法，堪稱卓識，它把歷代注家的困惑，一掃而空。《國語·周語下》靈王二十二年穀洛鬥條記太子晉曰："……夏商之季，上不象天而下不儀地，中不和民而方不順時，不供神祇而蔑棄五則，是以人夷其宗廟而火焚其彝器……"以天、地、民、時、神爲應則之五，謂夏商季世皆蔑棄之，足證梁氏說法不虛。看來，《甘誓》所指的五行，的確與後世的五行學說無關，而應是簡單地只指五種德行，或者竟是泛指一些德行而已。[2]

因爲"行"本有"德行（héng）"義。五種德行可以稱爲"五行"，九種德行可以稱爲"九行"，這在先秦文獻中，是不乏其例的。

荀子談鄉飲酒禮的教化作用時說：

> 貴賤明，隆殺辨，和樂而不流，弟長而無遺，安燕而不亂：此
> 五行者，足以正身安國矣。（《荀子·樂論》）

曾子談孝說：

---

[1] 劉向《別錄》："武帝末，民有得《泰誓》書於壁內者"；王充《論衡》："至孝宣帝時，河內女子發老屋，得逸《易》《禮》《尚書》各一篇。"

[2] 古文獻中，五三對擧，常爲虛數，如三皇五帝、三老五更。注家力求坐實，反而弄巧成拙。《甘誓》的五行三正，看來或是虛數。

居處不莊，非孝也；事君不忠，非孝也；蒞官不敬，非孝也；
朋友不篤，非孝也；戰陣無勇，非孝也。五行不遂，災及乎親，敢
不敬乎？（見《呂氏春秋・孝行》）

這些"五行"，都與水火木金土全不相關，而僅僅指著五種德行，是十分
明白的。

"五行"一詞曾用爲五種德行，就連後來大談陰陽五行的董仲舒，也曾特
別指出過。他甚至認爲水火木金土之五行的得名，得自"孝子忠臣之行"的五
行（héng），說"五行之爲言也，猶五行（héng）歟？是故以得辭也"（《春秋繁
露・五行之義》）。這固然屬於董仲舒慣有的唯心主義的囈語，但他看到做爲德行講
的五行，不等於水火木金土的五行，則是對的。[1]

總之，對於先秦文獻中的五行，不能一概而論，不能一律指爲水火木金土
的五行及其體系；應該想到它常常也指五種德行，而這些德行同水火木金土之
類，全無瓜葛。

荀子所說的子思、孟軻"案往舊"造出的五行說，正應作如此瞭解。

以前許多考證思孟五行說的學者，不曾注意五行的不同含義，囿於五行等
於水火木金土這一兩漢以後的陳說，付出了許多勞動，總未能使疑難圓滿解決。

有些人從五行的傳統觀念出發，認爲思孟書中既無水火木金土等字樣，而
荀子卻批評有五行說，那一定是荀子傳聞有誤，錯把鄒衍當成孟軻了（見劉節《洪範
疏證》、顧頡剛《五德終始說下的政治歷史》）。

另一些人從五行的傳統觀念出發，認爲思孟書中雖無水火木金土的字樣，
但頗有些氣運終始的痕跡和曆法、星占的本領，而這正是陰陽五行家的標記（見
范文瀾《與顧頡剛論五行說的起源》）。

更多的人則從五行的傳統觀念出發，認爲思孟書中固無水火木金土的字
樣，卻有仁義禮智信的五常觀念，它正屬於五行思想體系（見楊倞《荀子注》、章太炎《子

---

[1] 《淮南子・兵略》謂將者必有之五行爲："柔而不可卷也，剛而不可折也，仁而不可犯也，
信而不可欺也，勇而不可凌也。"

思孟軒五行說》、郭沫若《儒家八派的批判》等）。

　　這三種說法，結論不同，出發點則一。而這個出發點，即認定"五行"必爲水火木金土及其體系，如前所證，對於先秦文獻來說，不一定是正確的。由此出發考定的思孟五行說，也就不一定正確了。馬王堆帛書已足證明，思孟的五行說，恰好不是水火木金土之類，而不過是關於五種德行的學說罷了。

二、"五行（德行）" 不必爲 "仁義禮智信"

　　思孟五行說雖是五種德行，卻又不是後來稱做"五常"的仁義禮智信。前引的曾、荀二例已可證明，在先秦，人們常常任指五種德行謂之五行的。"仁義禮智信"這種格局的確立，始於漢儒。漢以前，人們雖也談論到這五者，但將這五者連舉的，大概只有一例，見於《莊子·庚桑楚》：

　　　　蹍市人之足，則辭以放鶩，兄則以嫗，大親則已矣。故日：至禮有不人，至義不物，至知不謀，至仁無親，至信辟金。

　　《莊子》攻訐儒家道德信條的地方何止百處？所涉及的德目，也不下十餘；而集中了禮義智仁信五者於一地予以奚落的，只此一條，何況，這五者的次第又如此雜亂！因此，我們如果設想，《莊子·庚桑楚》上把這五種儒家德行連舉，僅僅出於某種偶然，當不致算是過分的。

　　先秦文獻中提到"五常"的，除去僞古文《泰誓》外，尚有《莊子·天運》、《呂氏春秋·求人》和《韓非子·解老》三處[1]，似乎多指水火木金土五者，注者說法不一。且以《莊子》爲例：

　　　　巫咸招日："來！吾語女。天有六極五常，帝王順之則治，逆之則凶。"

　　這個"五常"，成玄英以爲"謂五行，金木水火土，人倫之常性也"。所

---

[1] 《禮記·樂記》亦有"道五常之行"句。《樂記》晚出，司馬遷所不見，不在先秦文獻之列。

謂人倫之常性的金木水火土,當是《中庸注》所說的"木神則仁,金神則義……"等等,即仁義禮智信。天有五常,照成玄英的注解,就是天有仁義禮智信。這已是董仲舒的思想了,不是巫咸祒的思想。所以俞樾表示懷疑,他說這個六極五常當是《洪範》的"六極五福",說"常"通"祥"即"福"(見《諸子平議》)。俞樾的說法,或許更接近原意一些吧。

總之,以仁義禮智信來相提並論,並且固定其順序,尊之爲五常,這些,都不是先秦的觀念。在先秦,只見有連仁義禮智四者於一起的,那就是《孟子》。孟子說:

> 仁義禮智,非由外鑠我也,我固有之也。(《告子上》)

> 惻隱之心,仁也;羞惡之心,義也;恭敬之心,禮也;是非之心,智也。(同上)

至於"信"之爲德,在思孟書中以至儒家思想中,當然也有一定的位置。《孟子》中談到"信"的章節,約達十處;《中庸》(作爲子思學說看)中也有五處談及。只是"信"同仁義禮智相比,還居於次要地位,不能並駕齊驅。孟子認爲,仁義禮智是"根於心"的"君子所性"(《盡心上》),而"信"只是交友的行爲準則,是屬於第二位的德目;他曾明白宣佈:"信"如果與"義"有了衝突,那是要舍信取義的,所謂"大人者,言不必信,行不必果,惟義所在"(《離婁下》),就是這個意思。孟子的輕信重義的思想,比之《論語》上的"信近於義"(《學而》)來,是大大變化了。這個變化,同孟子當時縱橫捭闔的政治形勢,恐怕有一定關係。

許多考辨思孟五行說的學者,不甚注意思想有變化的歷史,不去正視"信"在思孟學說中的地位,看到孟子常談仁義禮智,便拿仁義禮智信或五常,充當思孟的五行說;那是把漢人的觀念提前了。其實在思孟那裏,"信"的地位是並不崇高的。

有些學者注意到了這一點。如梁啟超說:"楊倞注釋〔思孟五行〕爲仁、義、禮、智、信五常,或者近是;然子思說雖無可考,孟子則恒言仁義禮智,未嘗以信與之並列也。"(《陰陽五行說之來歷》)他的結論是:"此五行不知作何解,……

但決非如後世之五行說，則可斷言耳。"（同上）

郭沫若也注意到了"信"的困難，但他找到了一條擺脫困難的出路。他在一九四四年九月八日日記中說："改寫子思、孟軻一節，處理較得當。四端（仁義禮智）之外得一誠字以當信，誠爲中道，適符土位，足證五行之說於思、孟書中有朕跡。"（《格物解·後記一》）

用"誠"來填補"信"的空缺，可以說是一個有根據的方案。因爲《中庸》裏裏大談其"誠"，尊之爲"天之道"；其主要思想，在《孟子》裏也復述了。在這個意義上，誠同仁義禮智確可並列而無愧。可是，如果進一步認爲，鑒於"誠爲中道，適符土位"，因而"誠以當信"爲思孟五行之一，那卻又當別論。因爲這又陷入"五常"的套子了，而且更引入了"中道"、"土位"的說位，這些，更非思孟思想所能有。

文獻表明，配五常仁義禮智信於水火木金土五行的把戲，不僅在《管子》的《四時》與《五行》篇（作爲戰國時代作品看）中不曾見，在《呂覽·十二紀》與《禮記·月令》中不曾見，劉安的《淮南子·時則》中也不曾見。就是說，在這之前，還不曾有這種思想。直到《春秋繁露》裏，我們才看到董仲舒在前人的已經足夠龐大的五行大系之上，更增加了這個新的專案，拿仁智信義禮配木火土金水。這是董仲舒的發明。可是董仲舒的這個配方，並未被大家公認，在《乾鑿度》、鄭玄《中庸注》中，除仁配木、義配金二條與董說相同外，其他三常配三行的辦法，那與董說不同。這就說明，這套把戲，還正處在草創階段，尚無一定之規。大概直到白虎觀會議，才最後定下仁木、義金、禮火、水智、土信的公式，如後來沿用的樣子。郭老以誠爲信爲中道爲土位，以證成思孟五行說，無異於相信思孟五行說包含著五材、五方、五常等內容，並組成如後來的系統；而這是萬萬不可能的。

三、思孟五行爲“仁義禮智聖”

　　思孟學派的五行說，既不是五行水火木金土，也不是五常仁義禮智信，而是仁義禮智聖這五種德行。這個結論的文物上的證據，《馬王堆帛書解開了思孟五行說古謎》一文中已詳細引徵了。只是那裏留下了一個未能解決而又必須解決的難題：既然思孟五行只是仁義禮智聖，何以荀子斥爲“甚僻違而無類，幽隱而無說，閉約而無解”？荀子自己豈不也常說仁、道義，論禮、談智聖，何僻違、幽隱、閉約之有？仁義禮智聖這五個範疇，的確也爲荀子所樂道；而且在思孟以前很久，它們已經分別地先後地形成了。這都是毫無疑問的。荀子批評思孟，不在於這些範疇本身，也不在於一般地談論它們，而在於“案往舊造說”。就是說，荀子批評思孟將這些範疇從“往舊”的道德、政治以至認識論的諸範疇中摘取出來，不顧“類”之不同，並列而謂之“五行”，賦予它們以“幽隱”的內容，構築它們成“閉約”的體系；以致世俗之儒不知其非也，“遂受而傳之，以爲仲尼、子遊爲茲厚於世”。這是荀子所以痛心疾首，申斥思孟爲儒家罪人的緣故所在。

　　誰都知道，“仁”是儒家的一個最主要的道德範疇，孔子是它的鼓吹者。孔子也談“義”，只是談得較少，且不曾把仁義並連著談。孔子似乎是“仁內義外”論者。“義”在《論語》中，僅指言行的外在準則，同“仁”之發諸內心的性質大不相同。

　　仁義被連接在一起，由孟子始。孟子把仁義說成是維繫宗法貴族統治的兩個基本紐帶，所謂“未有仁而遺其親者也，未有義而後其君者也”（《梁惠王上》）。仁義通過智而被瞭解，依靠禮而具體化爲行動細則，所謂“智之實，知斯二者（仁義）弗去是也；禮之實，節文斯二者是也”（《離婁上》）。仁義禮智四者，都紮根於人心之中，努力發揮人心所固有的這些德行，便可顯現出人的本性，便可瞭解得天命。所謂“盡其心者，知其性也，知其性則知天矣”（《盡心上》）。

　　本來，仁、義、禮、智這些範疇，無論其或屬道德領域，或屬政治領域，或屬認識領域，無不爲儒家人物的口頭禪。因爲儒家的宗法政治，不過是倫常關係的擴大；而知識的作用，也一直受到強調。可是，把這四個範疇從不同領域集中起來，按一定秩序編排起來，並將它們納入人心，歸於人性，委諸天命，像孟子所做的這樣，卻絕無僅有。荀子批評之爲"造說"，爲"案往舊造說"，是有根據的。

仁義禮智之外，孟子還強調了一個"聖"字。古人每以聖智對舉，如《國語·楚語》有："其（巫和覡）智慧上下比義，其聖能光遠宣朗。"《老子》有："絕聖棄智，民利百倍。"《周髀算經》有："知地者智，知天者聖。"聖也是一種智，是能夠預見或前知的智，是"智之華（花）"（《大戴禮記·四代》）。《莊子》說，盜亦有"聖"，"妄意室中之藏"而中，便是盜的聖。可見聖之爲德，並非神秘莫測，也非高不可攀。孟子以聖同仁義禮智並舉，大概正是從"智"連類而及。

孟子說：

> 集大成也者，金聲而玉振之也。金聲也者，始條理也；玉振之也者，終條理也。始條理者，智之事也；終條理者，聖之事也。智，譬則巧也；聖，譬則力也。由（猶）射於百步之外也，其至，爾力也；其中，非爾力也。（《萬章下》）

據說，金聲始洪而終殺，必以玉聲揚之，方得善其終始（俞樾說），這叫集大成。凡智者，皆能有以善始；唯聖者有以善終。好比射箭百步之外，能否射中靶子，在於巧；能否射及距離，在於力。巧如智，可以練習而成；力如聖，受於秉賦。就這樣，孟子也以聖智對舉，但卻與眾不同，他把它們變得"幽隱"了。

類似的話，在帛書中有一段，它可以幫助我們更好地理解《孟子》，抄錄如下：

> 〈經21〉君子集大成。能進之，爲君子，不能進，各止於其裏。
>
> 〈說21〉"君子集大成"。成也者，猶造之也，猶具之也。大成也者，金聲玉振之也。唯金聲而玉振之者，然後已仁而以人仁，已義而以人義。大成至矣，神耳矣！人以爲弗可爲也，無由至焉耳，而不然。

> "能進之，為君子，弗能進，各止於其裏"。能進端，能充端，
> 則為君子耳矣。弗能進，各各止於其裏。不藏欲害人，仁之理也；
> 不受籲嗟者，義之理也。弗能進也，則各止於其裏耳矣。充其不藏
> 欲害人之心，而仁覆四海；充其不受籲嗟之心，而義襄天下。仁覆
> 四海，義襄天下，而誠由其中心行之，亦君子已！

可以看出，所謂集大成，金聲而玉振之，始條理終條理，簡單說來，就是
"己仁而以人仁，己義而以人義"。知道心中具有仁義之理，這是智之事；充
其仁義之心，使得仁覆四海，義襄天下，這是聖之事。

因此，在思孟五行中，仁與義是一組，智與聖是又一組；前者是根本，後者
是對前者的理解與力行。禮義二行之中，仁更根本；智聖二行之中，聖更高明。
全部五行之中，聖又異於其他四行，獨以天道爲物件，所謂"仁之於父子也，
義之於君臣也，禮之於賓主也，智之於賢者也，聖之於天道也[1]"（《孟子·盡心下》），
便表明這種差別。仁義禮智四行，以人道爲物件，謂之善，比於金聲；聖，比
於玉振。帛書〈經9〉有云：

> 金聲而玉振之，有德者也。金聲，善也；玉聲，聖也。善，人
> 道也；德，天道也。惟有德者然後能金聲而玉振之。

思孟所標榜的五行，不是隨便可以達到的。《中庸》有曰：

> 唯天下至聖，為能聰明睿知，足以有臨也；寬裕溫柔，足以有
> 容也；發明剛毅，足以有執也；齊莊中正，足以有敬也；文理密察，
> 足以有別也。溥博淵泉，而時出之。溥博如天，淵泉如淵……凡有
> 血氣者，莫不尊親。故曰配天。

這裏所說的"聰明睿知"，就是聖；"寬裕溫柔"，就是仁；"發強剛毅"，
就是義；"齊莊中正"，就是禮；"文理密察"，就是智。"唯天下至聖"，
才能具備這五種德行；而具備了這五行，便夠上"配天"的資格，也就是說，
便成了天在人間的代表。可見，它不是一般凡人可以隨便達到的。

---

[1] 原爲"聖人之於天道也"，校說見《馬王堆帛書解開了思孟五行說古謎》。

　　思孟五行說的"幽隱""閉約"，大體如此。荀子給以那樣的批評，是有根據的。

六

郢燕書說

——郭店楚簡及中山三器心旁文字試說

傳曰："書不盡言，言不盡意。"對於認識手段表達手段所具有的天生局限性，雖聖人也無可內奈何[1]。不過，雖說如此，能以最大盡意的，終究莫若言；能以最好盡言的，仍然莫若書。所以，研究遺存文獻包括注意其組成文字，一直是了解前人思想的基本途徑。

（一）

近年荊門郭店出土的楚墓竹簡文字中，一個很顯眼的現象是，從"心"的字特別多。這使人不禁想起 1977 年河北平山出土的"中山三器"。那三器上，也有不少從"心"的字，且多前所未見。查中山三器的年代，大約在 310BC 上下，與現在推定的郭店楚簡年代正巧同時；而地域上則郢燕懸隔，地北天南。這兩組異地同時文獻之以"心"爲形符之字之多，使人可以想象，那時後，人們對於內心世界或心理狀態的了解與研究，已是相當可觀了；否則，自無從造出如此眾多的"心"旁文字來，使得今天的我們也驚嘆不已的。

---

[1] 《易·繫辭上》：子曰："書不盡言，言不盡意。"然則聖人之意，其不可見乎？子曰："聖人立象以盡意，設卦以盡情僞。系辭焉以盡其言，變而通之以盡利，鼓之舞之以盡神。"

譬如，《尊德義》篇 33 簡有"不忠則不信，弗惠則亡復"、35 簡有"戙不足以沫眾，博不足以知善"句[1]。其惠字从甬从心，戙字从甬从戈；二者也許都可視爲勇字。但在簡文中，其一从心另一从戈，所要表示的意思是頗不相同的。从心的惠字[2]，表示是一種心態、一種德行，是孔子所謂的"力行近乎仁，知恥近乎勇"的惠。而从戈的戙字，所要表示的則顯然是行爲上的戙猛[3]。《說文》中，這兩個字都被附在"勇"字下，說"勇或从戈用"、"古文勇从心"，卻未能指出所以从心从戈的道理，從而未能區別開兩字被賦予的深義，實爲憾事。

再如，《緇衣》篇 26 簡"恭以蒞民，則民有☆心"。心前的☆字，簡文从心从孫；傳世本逕作"孫"；釋文則定爲从辵從孫的"遜"；其實此字應該隸定爲愻。蓋孫而从心、从辵，意思是不一樣的，一個是說心態的謙順，另一個是說行爲上的馴順。《論語》上"孫以出之，信以成之"、"惡不孫以爲勇者"，皆是就心態而研的假孫爲愻的實例。從文字的孳乳看，當是原本只有"孫"字；而後，从辵的字專行，从心的字漸廢，復歸於一[4]，如今日所見。

與此相似的有個"反"字。《老子甲》22 簡"遠曰反"，《成之聞之》11 簡"窮源反本"的反字，皆从又，厂，應該是反之本字。而《窮達以時》篇 15 簡"君子惇於忞己"的忞字，於反下加心符，則是強調反躬自問的意思。所謂"愛人不親，反其仁；治人不治，反其智；禮人不答，反其敬。行有不得者，接反求諸己"[5]的各個"反"字，都應該是這種帶心旁的忞。而《老子甲》37 簡"返也者，道動也"、《六德》37 簡"其返"等从辵的返字，則是強調行爲之反，與从心的忞字有別（中山三器的方壺、圓壺銘文中，都有"仮臣其宗"句。彳旁和辵旁，互通）。這組字，後來也是从辵的返字專行，从心的忞字漸廢了。

還有一個"亡"字，亦復如此。亡下加心而成忘，是現在仍在通行的表示心態的一個字。如《語叢二》16 簡"忘生於吁"之忘便是。此外另有从辵的亡字，表示行爲的，如中山三器的鼎銘"猶迷惑於子之而迉其邦"和方壺的"故

---

[1] 本文所引郭店楚墓竹簡的編號及釋文，概據文物出版社 1998 年 5 月版《郭店楚墓竹簡。》
[2] 現在簡化字中，惠字用作慈惠之惠，另當別論。
[3] 參見《成之聞之》9 簡、《語叢四》24 簡。
[4] 參《說文》"愻"字及段注。
[5] 《孟子·離婁上》，又略見於《穀梁傳》僖公 22 年。

邦迟身死"的迟字，都是強調行爲所導致的喪失，與忘字是不一樣的。

再說一個"順"字。順字或省作川，見於《唐虞之道》6 簡"教民大川之道也"及《成之聞之》38 簡"而可以至川天常矣"等。爲了表示或強調這個順是心悅而誠服之、是心態的順，則常在川下加一個心；《緇衣》12 簡引《詩》云"四方忑之"，以及中山三器上多次出現的从心从川的忑字，便是如此。如果指的是行爲上的順，則於川下加個辶作迦，此字見於《行氣銘》"迦則生，逆則死"句。

簡文中多處出現从心从矣的"悇"字，如《緇衣》4 簡"則君子不悇其臣"、《成之聞之》21 簡"其悇也弗枉矣"等句。釋文隸定"悇"字爲疑，是可以的。只是需要補充一句道，此悇乃心態的疑惑疑忌之悇，非行動上的遲疑猶疑之疑。行動上的疑字，從辶（或从止从彳）从矣作送，郭沫若所謂"象人持杖出行而仰望天色"者[1]，可參見容庚《金文編》0254、2384。後來从心的悇字，慢慢丟失了；从辶或从止从彳的，即現在通行的疑字，被保留了來，並且取悇而代。

凡此種種，應該已經可以歸納出一個結論了。爲慎重計，不妨在羅列一些：愛和憂，見於簡文者，皆不帶下半象脛的形旁，而作恶和愿，以示其爲心態；至於帶下半形旁的，當如《說文》所說，皆"行貌"也。難和易，有時加心旁，如《老子甲》16 簡"戁恳之相成也"；有時分加心、辶，如《老子甲》14 簡"多恳必多戁"（从土的戁，本或从辶、从止，如《窮達以時》篇遇字之易辶爲土然），以分示心行。欲，或無欠無口而有心有辶，以別內外。勞或易力爲心（中山王鼎），辨治人治於人也。喜和哀，多不从口而从心。謀，从母从心。寵，从龍从心。欺，从其从心。業下或加心成叢，以見人之"憚憚叢叢"於衷心（中山王鼎）。敬、奮、利、害、唯、圖、與、強等字，常或綴以心形。如此等等，不資而足。

（二）

　　有了上面這許多字例後，現在我們可以進行討論一些或有爭議的文字了。首先討論一個"爲"字。爲字從爪從象，羅振玉謂"古者役象以助其事"，則爲字本是一個表示行爲（從爪）的字。若問有沒有心態上的爲呢？當然有。現在我們說"爲了……"，便是一種心態的爲。按照我們已知的上述慣例，這個心態上的爲，若用文字表示出來，應該是：從爲從心，作"憍"。

　　果然，這個憍字，在包山二號墓中出現了；其20簡有"不貞周憍之奴以至命"句。可惜它只出現了一次，而且像是用作人名，無法深入討論。直到郭店簡的出土，方纔提供了可靠的線索。其《性自命出》篇48簡說："凡人憍爲可惡也。"兩個爲字併連，前一個有心，後一個沒有。所謂的"人憍"，與同篇次二簡即50簡的"凡人情爲可悅也"聯繫起來考慮，應該就是通常所說的矯情，矯拂性情而師其成心之類；亦即老子所說的"有以爲"，荀子所說的"僞"，或孟子所說的行仁義而非由仁義行，等等。

　　重要的是，這個"憍"字，在《老子甲》篇的關鍵地方也出現了。那就是其1號簡的"絕憍棄☆，民復孝慈"。該憍字從爲從心，☆字虎頭從且從心，注釋者認爲這句話應讀作"絕僞棄詐，民復孝慈"；看來是不對的。首先從文理上說，《老子》那裏所要棄絕的，一定是曾被認爲正面的、而且有人提倡過的，方能合乎否定命題一定出現在肯定命題之後的邏輯；否則他就成了向風車開戰。而僞和詐，並不具備這些條件。其次，憍字也許是僞字的通假，但自應先從非通假考慮。第三，那個虎頭從且從心的字，在這批簡中至少出現過七次[1]，其他六次都釋爲"慮"字，唯獨此處釋"詐"，有點特別。

　　其實這裏也不煩改字，簡單釋"慮"便可。憍和慮，作爲兩種關聯的心態，簡文中曾有明確論說，見之於《性自命出》篇：

> 凡人憍為可惡也：憍斯咎矣，咎斯慮矣，慮斯莫與之結矣。48
>
> 身欲靜而毋訣，慮欲淵而毋憍。62

憍和慮在《荀子·正名》篇中也有界說[2]：

---

[1] 即《老子甲》1簡，《緇衣》33簡，《性自命出》48簡兩次、62簡，《語叢二》10、11簡。
[2] 此點承東北師範大學韓東育先生示知。

> 不事而自然謂之性。性之好惡喜怒哀樂謂之情。情然而心為之
> 擇謂之慮。心慮而能為之動謂之偽。慮積焉、能習焉而後成，謂之
> 偽。

需要辨正的是，"心慮而能爲之動謂之偽"句中的"偽"字，本來大概寫作"僞"至少也是理解如僞，即心中的有以爲；否則便無從與下一句的見諸行爲的僞字相區別。只是由於後來僞字消失了，鈔書者不識僞爲何物，遂以僞代之；一如我們現在釋讀楚簡《老子甲》篇的"絕僞"爲"絕僞"那樣。另外，荀子所界定的僞和慮的演化關係，與《性自命大》所排列的次序有所不同，而且二者與《老子甲》篇所設想的社會效應，更是大異；這些，並無損於我們認定僞字和慮字，認定它們在表示兩種心態，自不待言。

再討論一個"畏"字。《說文》說：畏從鬼頭從虎省，"鬼頭而虎爪，可畏也"。其實從楚簡看，事情並不那麼恐怖。郭店簡中約有 14 例畏字，凡四種字型。其一從鬼頭從心，或曰從心從畏省，可以隸定作"息"或"思"，釋文定爲懼字者；如《老子甲》9 簡"猶乎其若畏四鄰"、《性自命出》52-53 簡"未刑而民畏，有心畏者也"等句。其二從鬼頭從止，或曰從止從畏者，當即今文"畏"字原型：如《五行》34、36 簡"不爲畏強禦"、"嚴而畏之"及《成人聞之》5 簡"是故畏服刑罰之屢行也"諸句。其三從鬼頭從示，或曰從示從畏省，可以隸定爲"祟"或"景"，釋文定爲禔字者；見於《老子乙》5 簡"人之所祟，亦不可以不祟"。其四從鬼頭從心從戈，或曰從心從戈從畏省，作"慼"，見於《唐虞之道》13 簡"用慼"，釋文以爲借作威字。

四種字型的前兩種，即從心、從止者，符合本文前述的規則，分別表示心態和行爲。而從示的第三種，顯係對鬼神而言，特指對鬼神的畏懼；此一類型的出現與存在，反證了前兩種字型的創造，亦非偶然，而是有其自覺性與合目的性。至於第四種加"戈"者，則是以力服人使之畏懼的意思，與上述的慼字同屬一種類型；釋文以爲威之假借，或然。

唯釋文隸定第一種息或思字爲"懼"，似不夠確切。因爲原篆並無右下角的"止"行，而且此字的本義恰恰就是要隱藏這個表示行動的"止"，強調那個代替它的"心"。倘若察此中苦心，添足畫蛇，反成纍贅了。至於從心從畏

的“愢”字，倒也確實存在著，而且多次出現，那就是見於包山二號墓的、常與王字連用的、指稱楚威王的“愢王”字樣；因之這個愢字，也可視作威字通假。

（三）

郭店楚簡中出現頻率最高的心旁字，爲从心从身的㤿字。此字過去多見於璽文。羅福頤《古璽文編》一０·一０㤿字頭下收有六例，又有誤收入三·三信字頭下的二十二例，兩共二十又八，足見其於璽文中，亦屬高頻。唯過去多將次字與从言从身的𧧻即信字相混，此次郭店簡的出現，因有上下文本爲據，亥豕得以一淸，㤿字當讀仁義之“仁”，已是鐵定無疑。

不過有一個現象必須說明的是，與楚簡同時的中山三器中，仁字並不作㤿，而是从尸从二。其所謂的从千，看來就是楚簡、古璽的从身之誤識；這點從璽文最能看的淸楚。而从尸从二的𡰥，或係假借夷字來表示人際親愛的古風，所謂禮失而求諸野者歟？後來从尸之字多有簡作从人者，如居字、屈字等，𡰥字或亦以此遂作仁狀，而給“相人偶”之說提供了口實。現在我們從郢燕兩地字型中，得見兩個古文仁字同時存在，實在是一件幸事。

文字是紀錄語言表現思想的無可替代的工具。儘管它的形成和通行，有待社會的認可，並在社會中完成，非個別學派、個別學者所得任意左右。但是，文字的創建、繁衍和革新，卻又只能出自個別人們、學派或機構之手，從而使得文字的變化，在自身的內在規律之外，不免接受許多獨特的外來影響。拿郭店楚簡來說，雖然目前尙無從確定它的各篇作者爲誰，也不敢認定鈔手所寫的文字便是作者所用的原文，從簡中某些文字的通假或錯別，特別像下面即將談到的“義”字寫法的混亂情況來看，很難也不該抓住個別文字便臆測其所含的思想內容。但是，㤿字卻另當別論。因爲，整個郭店楚簡的一萬三千多字中，無論各篇的思想傾向有無差異，學術派別是否相同，以及鈔手的字體如何帶有個性，其所要表述的仁愛的"仁"字，一律寫作上身下心的"悤"，其所寫出的無數個上身下心的字，一概解作仁愛之"仁"，全無例外。

因此，我們似乎可以這樣設想：郭店楚簡之不用從尸從二的夷字來充當仁愛的仁字，而另用一個新字悤，也許表明他們對於仁的理解，已從求諸野的階段，進入到心性論的時期。這時候，仁義聖智等道德規範，已不在被認為是君臨於常人的超人們的特殊天賦，或者是先進於禮樂的野人們的純樸遺風，而被相信為是每一個人的內心世界所具有的稟性，是受於天命、藏於身心，見於人情的德性，問題只在於你是如何用心而已。這是浮現在楚簡的十幾篇儒家文獻中，輕易可以抓取得到的新鮮意見。

在這樣的理念中，悤字之被儒家學者使用起來乃至發明出來，像任何新的學說都有自己新的術語一樣，用以強調仁愛是每個身體所必具和應具的基本心態，便是順理成章之舉了。這個悤字，"心"是形符，"身"是意符也是聲符，大概是不成問題的。此外，與之相關的，還有一個尚未認識的從辵從身的邊字，收在《古璽文編》二·一二中。按照本文前述的規則，這個字，如無特殊情況，便應該是表示行為的悤或悤之見於行為者。可惜此字他處少見，難以說得十分肯定耳。

與仁字經常連袂出現的一個字，是"義"。義字早先寫作"宜"，在中山三器中仍然如此；三器銘文中，宜字凡五見，全部用如仁義之義，而從我從羊的義字，早先卻作威儀之儀。

郭店簡中，仁義的義字，有五種寫法之多。一作"宜"，見於《六德》權篇和《性自命出》全篇。一作"義"，見於《五行》全篇和《語叢一》等[1]。一作"我"，見於《語叢一》22 簡"悤生於人，我生於道"及《語叢三》5 簡"不我而加諸己，弗受也"。一從我從口作咊，見於《忠信之道》8 簡。一從我從心作愬，見於《語叢一》76、93 簡及《語叢三》9、24、25、35 簡等[2]。看起來，情況是相當混亂的。這一混亂，反映彼時彼地人們對於義之含義的理解，正處於新舊紛陳的過渡時期之中，尚無一定準繩，像仁字所已取得的成就那樣。

[1] 在《緇衣》篇中，多用作"儀"；在《語叢一》53 簡、《語叢三》65 簡，則用作"我"。
[2] 在《緇衣》2 簡，用作"儀"。

中山三器的義字作宜，是原始的質樸寫法。因爲義的本義與仁對，不是愛而是恨，是恨其所當恨，惡其所當惡；而宜、俎一字，皆有殺義，所以被借來表示這種情緒[1]。至於从我从羊的義字用以表示威儀，亦當與其所从之我之左旁爲古文殺字有關[2]，不過挂上羊頭稍事美化而已。

義被當作德性來標榜，是孔子以後的事。孔子自己很少談義。談義談的多的，首先是墨子；只是他所謂的義，有點我們現在所說的"主義"的味兒。墨子有個大發明，那就是他書中的義字，不从羊我，而从羊弗作羛（《說文》：義，墨翟書義从弗）[3]。不从我，而从弗，用弗來代替我，明示著是對我字的否定；而對我字的否定，當係針對我字左旁的古殺字而來。這是墨子兼愛非攻思想的邏輯引伸。這一點，從後來義字在郭店簡中之再被儒化改造，也可得到反證。

楚簡中對義字的改造，與墨子異趣。他們保留我字，予以心化，由之乎寫仁作悬的辦法，將義字寫成悆狀。這可以說是儒學走向心性論研究、相信人道源於人心的又一表現。我們知道，儒家固然提倡仁愛，卻並不否定仇恨乃至殺戮。孔子說過："唯仁者能好人，能惡人。"能好人是仁，能惡人就是義；而唯仁者能惡人，說明惡人還是一種難能的情愫，是仁者的品質之一。在這種理念的指導下，儒者將義字由"宜"改造成"悆"，既避免開宜字的赤裸裸的血腥，採用了我字的惡人的含意，又標明其是一種心態，確是頗具一番匠心的。

只是簡文中，悆字還未能發揮像悬字那樣的威力，統一全部應有領地；以致一個文字竟有五種形態同時併存。這說明，義被當作道德範疇來鼓吹，在時間上比仁晚的多；悆字所表示的儒學含義，尙未普及開去。而待到後來儒學普及之日，已是秦篆統一文字許久之時，雖有董仲舒"義者、我也"之說，悆字終於未曾復活；因爲那時候，悆字作爲楚文，早被統掉多年了。雖說楚雖三戶亡秦必楚，可是在文字方面，秦篆的地位卻永固罔替；所以，對於悆字，以及其他一些心旁文字，人們便不免很生疏了。

---

[1] 參見拙作《儒家辯證法研究》《仁義》章。

[2] 見《說文》"我"。

[3] 此字尙可見於包山二號墓之 18、92、94、100、101 等簡。

　　今天我們總算有幸，從楚簡上看到許多心旁的文字，更聯想起中山三器上的心旁文字，而進一步推想公元前四、五世紀的中國學術界，有一些派別（譬如思孟學派，甚至墨經作者[1]）正在向人的內心世界深入。他們為此使用著的乃至創造出的一些特指心態的文字，將永遠以其智慧之光，見證著它們主人們的不可忘卻的業績。

---

[1] 墨經作者曾分別認知活動為知材、知接、知明三層，並創造出一個从心的恕字來。

七

帛書《五行》篇評述

帛書《五行》篇，分《經》《說》二部，共二十八章。

其第一章總論德與善，謂德為形於內的仁義禮智聖，意指形而上的天道為人心所體認（道德信念）及其顯現於人性（道德屬性）；謂善為不形於內的仁義禮智，意指形而上的天道為人體所施行（道德實踐）。德亦可逕稱天道，善則為人道。

第二至第九章，論如何得道成德，實即如何樹立道德信念，提出了"思"即實踐理性諸範疇。

第十至十七章，論如何能以為善，實即道德實踐的動力和步驟，提出了諸"氣"範疇和為善的階梯。

第十八至二十一章，論德與善內部諸因素的對立統一關係。

第二十二至二十六章，論心身關係，特別是心的能知能慮作用。

最後兩章，總結。

（一）

最概括地說，《五行》篇的特點與價值是：它以戰國後期流行的"經"與"說"的形式，繼續思孟學派的心性說，創立自己的知行說，為儒家的內聖之學提供了堅實的哲學基地。

孔子首倡仁學。但孔子並未認真提出並回答"人爲什麼能夠仁？"這樣一個後來成爲焦點而當時則尚未意識其存在的大難題。孔子以後，《易傳》一派從宇宙論方面用力，由陰陽之道、天地之德下手，證明人之善性乃繼宇宙而成，宇宙的秩序即是道德的規範（所謂"一陰一陽之謂道，繼之者善也，成之者性也"、"天地之大德曰生，聖人之大寶曰位，何以守位曰仁"）；實際上是將儒家所追求的道德神化了，爲仁學作出形而上的論證。孟子一派則著眼於心性論，從人的行爲習俗入手，證明人心具有異於禽獸的善端，其作惡乃來自同於禽獸的物欲或耳目之官，人心即人性即義理；這是將儒家所追求的道德聖化了，爲仁學作出了心理的論證。這樣從外內兩方入手及其各種程度的結合，便構成了後來儒學流派的基本路線，至程朱與陸王而達到峰顛。

帛書《五行》篇可以說成是思孟學派的餘波，它對孟子的心性論作了補充和發揮；但《五行》又完成於《易傳》的主要篇章出世以後，因而也吸收了宇宙論的成就。

孟子道性善；而性之善質，又成於心之善端，是惻隱、羞惡、辭讓、是非諸善端的擴充；心之善端、性之善質，更來源於天，是天之所命於人者。人能明乎其善心善性，確保而勿失，便是誠，便是事天，便是立命。

何以見得人心具有善端？人性具有善質？從孟子的博辯的言論中，我們可以發現，他用以證明這一點的辦法，是經驗的。《公孫丑上》說："所以謂人皆有不忍人之心者，今人乍見孺子將入於井，皆有怵惕惻隱之心；非所以內交於孺子之父母也，非所以要譽於鄉黨朋友也，非惡其聲而然也。由是觀之，無惻隱之心，非人也；無羞惡之心，非人也；無辭讓之心，非人也；無是非之心，非人也。"《盡心上》說："人之所不學而能者，其良能也；所不慮而知者，其良知也。孩提之童，無不知愛其親者，及其長也，無不知敬其兄也；親親、仁也，敬長、義也。"經驗的事例可以無限地列舉下去，但是它們充其量也只能證明人有惻隱等等之心而已，即證明作爲經驗現象的人心的活動而已；至於超驗的善性之存在與否，這個本體論的問題，是難以用經驗來確證和否證的。這又是孟子當時尚未意識其存在的一大難題。

　　孟子在心性論上的最大成就，無寧是說他明確區分了人有自然屬性和社會屬性的不同，並由之推出了人在道德修養方面應具的態度。《孟子·盡心下》有曰：

　　　　口之於味也，目之於色也，耳之於聲也，鼻之於臭也，四肢之
　　於安佚也：性也；有命焉，君子不謂性也。

　　　　仁之於父子也，義之於君臣也，禮之於賓主也，智之於賢者也，
　　聖之於天道也[1]：命也；有性焉，君子不謂命也。

　　這是一節談論君子對待物欲和仁義的不同態度的名言，實際上是對人的自然性和社會性的明確區分。"口之於味"等等，實指人有自然性一面，孟子說是"性也"；"仁之於父子"等等，實指人有社會性一面，孟子說是"命也"。這個差別是很微妙的。所謂的性，是強調人的主觀自有；所謂的命，則強調超人所加於人者。人所主觀自有者，本也受命於天；超人所加於人者，亦屬人所自有。從這點看出，性也是命，所以孟子又說"性也，有命焉"、"命也，有性焉"，以得出對待物欲和對待仁義的應有態度。

　　值得指出的是，孟子利用性、命的這種既同一又不同一的微妙關係，作出了一些十分重要的結論。他利用性與命之不同的一面，在併提人之自然性與社會性時，高揚了後者而壓低前者。他說自然性時，謂"口之於味也"等等，結論是"性也"；說社會性時，卻不相應地說："父子之於仁也"，而反過來說"仁之於父子也"，這便意味著仁是某種加於父子關係上的天命，從而人的社會性，便不簡單是人的屬性，而成了超人的命，所以結論是"命也"。這樣一抑一揚，其影響於中華文化之輕視人的自然性與個性，是既遠且深的。

　　與此同時，孟子又利用性與命這同一的一面，限制人的物欲，誇大了人的道德義務，他說人的自然性是"性也"；但緊接著便指出，"有命焉，君子不謂性也"，意思是說，應該知道性正是天之所命，能得到和消受多少美味秀色，全然受制於命，不能一味任性。這叫做"求之有道，得之有命，是求無益於得也，求在外者也"（《盡心上》）。至於求其在我的仁義；對待人的社會性的態度，

　　[1] 傳世本誤此句為"聖人之於天道也"。

便完全相反。人的社會性是"命也"，但須知"有性焉"，所以"君子不謂命
也"，意思是說，仁義禮智雖是超人的，但應該看到它們爲人所有的一面，是
人之所以異於禽獸者，不能推諉於客觀。這叫做"求則得之，舍則失之，是求
有益於得也，求在我者也"（同上）。這樣一縮一張，其影響於中華文化之輕視物
的追求重視靈的響往，亦是既遠且深的。

孟子這個影響極大的心性說，當然更影響了帛書《五行》篇；《五行》篇
正是在這個基礎上開展自己的建造的。

《五行》篇以孟子提出的仁、義、禮、智、聖爲思想資料，在心性說的基
礎上論證了致良知的可能與途徑，爲主體性的生命體驗的儒家認知方法，作出
了榜樣。它稱仁義禮智聖爲形於內的德，爲天道；仁義禮智爲不形於內的善，
爲人道。這是開宗明義所提出的總綱。

其所謂的"形於內""不形於內"的"內"，特指人心[1]；而所謂的"形於"
"不形於"，則隱含著一個所以形的、能動的某物於其中。這是值得注意的《五
行》篇繼《孟子》與《易傳》而起的佐證。

我們知道，從宇宙論角度論證儒家思想的《易傳》，首倡形而上與形而下
之說，謂萬形之上有所以形者存焉。《五行》篇顯然吸取了這個思想，並予以
心性論的改造，變形而上下爲形於內外，巧妙地結合了思孟學派和《易傳》學
派。原來在《易傳》中，形而上的道是隱於人外的，現在被安排到了人心之中
即所謂的形於內。這樣的形於內，看來至少包含兩層意思：一是從人心方面說，
形於內意味著人對道的體驗或理解，也就是對道有了得——德；再是從人性方
面說，形於內意味著人性爲天之所命或顯現。通俗地說，前者指人的道德信念，
後者指人的道德屬性；這樣的心性兩個方面，都是天道之所形，只是一個著眼
於人之於天，一個著眼於天之於人，一個是主觀——客觀，一個是客體——主
體而已。

在《五行》篇的體系裏，與形而下約略相當的叫做"不形於內"，指不形
於心而形於顏色容貌的氣，有所謂"仁氣"、"義氣"、"禮氣"，以及由之

---

[1] 參見《易·坤·文言》"君子敬以直內"及《禮記·禮器》"無節於內者"疏。

派生出的相應的進退應對諸行爲。既然不形於內，便不能叫做得（德）；既然形於行爲舉止，便不妨叫做"人道"，簡稱之曰"善"。通俗地說，這是指人的道德實踐。

這樣建造起來的形於內的德和不形於內的善的體系，表現出雙重的天人合一的關係。首先是，形於內的德，是人之所以爲人的根本，是人之所以異於禽獸的所在；但同時，它又是天道，所謂"德，天道也"（〈經 1〉、〈經 9〉），"德猶天也，天乃德已"（〈經說 7〉），就是說，它是天的最得意（雖非唯一的）的表現或顯形，是天道之被得於人——只有在這種被得的狀態中（即形於內），天道方得以最好地顯現。這是在"形於內"中包含的天人合一關係。其次是，形於內與不形於內者的關係，也是天人合一的，這表現在形於內的、被稱爲天道的德的內容（仁義禮智聖），與不形於內的、被稱爲人道的善的內容（仁義禮智），是重合的，差異只在於前者重在知、後者重在行而已。而知而不行與行而不知，在尊德性的儒家看來，是不堪想象的，知行亦是合一的，宋明理學家於此談論最多；究其淵源，知行合一實紮根於天人合一，而從知行角度分別天人的，又以《五行》篇最爲翹楚，這一點，下兩章將著重予以說明。

（二）

五行形於內爲德。德是人對天道之得，也是天道在人心之形。從人之得道這一面看去，仿佛是主觀捉住了客觀；而從道之成德這一面看去，卻又是客體顯形於主體。其實這兩個過程是同時的；不僅是同時的，而且根本就是同一的。得道或成德，因之成了天人合一的焦點；而如何得道成德，便成了儒家內聖之學的關鍵。

孟子說：

> 盡其心者，知其性也；知其性，則知天矣。

存其心，養其性，所以事天也。天壽不二，修身以俟之，所以

立命也。（《盡心上》）

這裏的盡心——知性——知天，是由人的秉賦而測知天的存在，即客體之
形於主體、或道之成德的一面；而存心——養性——事天，則是規定人以何種
手段去順天，即主觀之捉著客觀，或人之得道的一面。這是孟子的得道成德論。
因為在孟子看來，人人都有善端於本心本性之中，這是天生的、天賦的；從天
的方面來說，則是天的造化。人能保持善心勿使喪失，擴而充之，至死不渝，
便是得道，也是天道為人所得即成德。

《五行》篇發揮了孟子的主張，特別突出了"知"的作用，把修身養性的
得道成德，當作認識論的問題來處理，提出了以志成德的主張，表現出使認識
論就範於倫理學的典型儒家態度。書中說道：

善弗為無近，德弗志不成，智弗思不得。

思不精不察，思不長不得，思不輕不形。不形則不安，不安則不樂，

不樂則無德。（〈經4〉）

"志於道，據於德"的說法，孔子早已提到了（見《論語·述而》）。但是如何去
"志"，其細節如何，而後方能"據"；在孔子時代，是提不出來的。孟子對
"志"談得稍多些，有所謂"志，氣之帥也"，"志至焉，氣次焉"，"不得
於心，勿求於氣"（《孟子·公孫丑上》）諸說法。"志"或心之所之的作用，在孟子
嘴裏被抬得很高，以至成為士的頭等大事（《孟子·盡心上》有："問曰：士何事？曰：尚
志。"），乃至區別忠奸的依據（同上篇有："有伊尹之志則可，無伊尹之志則篡也！"）。但
是這個偉大的"志"，其細節如何，孟子也沒有多說。當被問到"何謂尚志？"
的時候，孟子又回到那句老生常談："仁義而已矣！"（同上）

只是到了《五行》篇，方將"志於道"、"尚志"的步驟具體化，於提出
"德弗志不成"即以志成德的時候，明確補充以"志弗思不得"即以思得志的
辦法，並進一步對"思"的諸形態給予系統的說明。

思的功用，在儒家學說中，從純粹理性上來談論的地方甚少。《論語》上

有所謂君子的"九思"：視思明，聽思聰，色思溫，貌思恭，言思忠，事思敬，疑思問，忿思難，見得思義（《季氏》），說的都是修養工夫，都是實踐理性，所思皆係所行的最高準則；思的功用，在於發揮主觀能動性，使一己行為乃至音容笑貌自覺合乎社會規範。孟子相信善根於心而惡根於耳目，同屬人之一體而所以如此判然兩途者，差別正在於思與不思，所謂"耳目之官，不思而蔽於物，物交物則引之而已矣。心之官則思，思則得之，不思則不得也。"（《孟子·告子上》）

《五行》篇沿著《孟子》前進，將心之官細分為精、長、輕，認為它是達到仁、智、聖的不同思慮狀態，〈經6〉說：

> 仁之思也精，精則察，察則安，安則溫，溫則見君子道，見君子道則不憂，不憂則玉色，玉色則形，形則仁。

> 智之思也長，長則得，得則不忘，不忘則明，明則見君子道，見君子道則玉色，玉色則形，形則智。

> 聖之思也輕，輕則形，形則不忘，不忘則聰，從則聞君子道，聞君子道則玉音，玉音則形，形則聖。

如果我們花費精力去區別精思、長思、輕思的異同，或者想親自領略一下它們各為何種神態，那恐怕只會是徒勞的。對於我們來說，重要的是由此知道，得仁得智得聖的辦法，不在信仰和狂熱，而在清醒的理智，在於某種相應的思慮；然後由之逐步前進，到達某種相應的精神境界（或溫於色，或明於目，或聰於耳），而能看到或聽到天道；然後，作為天道的仁、智、聖，便形於內而為人所得了。

這一套辦法和過程，看起來似不清醒，且不無神秘之處。其實真正"神秘的"還不在此，而在如何去做到這裏提出的第一步，即如何使得思精、思長和思輕。〈經5〉解答道：

> 不仁，思不能精；不智，思不能長。……不聖，思不能輕。

一處說思精則仁，一處說仁則思精；智聖亦然。這種循環論證的做法，不僅是邏輯上的悖論，也使人陷入神秘的氛圍。只是這個悖論，唯有從思辨理性看來才是存在的；對於以實踐理性爲特色、習慣於天人合一知行合一的古代中國學者來說，這種互爲因果、不可窮詰的關係，正如天在人心、人爲天心一樣，是本來如此，十分自然的。思精則仁，是從人之得道方面說的；仁則思精，是從道之成德方面說的；這是同一的兩個過程。既然同一，自然是互爲前提的。於是，這個似乎神秘的倒成了真正辯證的，這是我們不應忽視之處。

《五行》篇於談到得智得聖時，在思長思輕以外，曾特別強調了一下“憂”的功用，書中說：

> 君子無中心之憂則無中心之智，無中心之智則無中心之悅，無中心之悅則不安，不安則不樂，不樂則無德。

> 君子無中心之憂則無中心之聖，無中心之聖則無中心之悅，無中心之悅則不安，不安則不樂，不樂則無德。（〈經2〉）

“憂”與“思長”“思輕”的異同，書中沒有交待，看來比它們的神通都更廣大一些，因爲它可分別通向智聖二者；至少，它也是長思、輕思的共有內涵；或者，它竟是成德之志的一種具體形態，是成智成聖之志。無論如何，在談論得道成德時，無視憂的功用，是不夠完整的。

憂之爲物，在《論語》中還只僅僅是愁苦的意思，所以孔子一再強調“仁者不憂”（《子罕》、《憲問》）、“君子不憂”（《顏淵》），主張樂觀的人生態度。到了《孟子》，憂的主要含義變成慮，變成一種帶感情的思考，或者叫耽心，所以孟子說：“君子有終身之憂，無一朝之患”（《離婁下》）。孟子認爲：

> 人之有德慧術知者，恒存乎疢疾。獨孤臣孽子，其操心也危，其慮患也深，故達。（《盡心上》）

“操心也危，慮患也深”，正是具有“中心之憂”，其後果是“達”，是“有德術慧知”，其前因是“恒存乎疢疾”即某種困苦的客觀條件；這叫做“生於憂患”。一個身處逆境的人，往往可以看出常態中看不到的東西，需要付出超出常人的精力，因而能達到更高的智慧和成就；這就是司馬遷所說的“西伯拘羑里，演周易”等等的重要原因。如果沒有這種客觀因緣，照孟子的意思也應該在主觀上設想這種狀態，為追求種種高尚的目標而遑遑終日，那就是所謂的 "君子有終身之憂"。例如，可以這樣憂：

> 舜、人也，我、亦人也。舜為法於天下，可傳於後世，我猶未
> 免為鄉人也；是則可憂也。憂之如何，如舜而已矣！《孟子·離婁下》

這樣的憂，實際上已經是一種 "志" 了，是志於聖的憂。這大概便是《五行》篇所謂中心之憂與中心之聖之智的思想來源。

在《五行》篇的體系裏，"憂" 的提法出現在第二節，緊接總綱之後，在 "志" 與 "思" 的條目之前，而且專用於得智得聖。看來這個憂，不能歸結到志和思中去，毋寧看成是三者鼎立，這便是後世所謂的儒家憂患意識。《韓詩外傳·一》稱孔子曰："君子有三憂：弗知，可無憂乎？知而不學，可無憂乎？學而不行，可無憂乎？" 宋儒范仲淹說："居廟堂之高則憂其民，處江海之遠則憂其君"，"進亦憂，退亦憂"《岳陽樓記》)，都表現了滿腔入世熱情、以天下為己任、達則兼善窮則獨善的儒家人物的憂國憂民和憂己的情態，表現出他們所獨具的一種意識。所以《莊子》譏笑道："彼仁人何其多憂也！"《駢拇》從局外人的眼睛看上去，憂，確係儒家人物的心態。

只是《莊子》的話有點小小過頭之處。儒書至少在談仁的時候，是避免用 "憂" 的；《五行》篇於此表現得特別明顯。〈經 2〉談智聖之得，以中心之憂為前提條件；〈經 6〉談仁之思時，便以不憂為過程了。這大概是鑒於孔子有 "仁者不憂" 之言在先吧。

《五行》篇沒有具體討論義和禮如何形成於內或二者如何得於人心的事。這當然並不意味著義和禮在五行中為無足輕重，或者它們根本無從形於人心。只是比較而言，比之於仁、智、聖，義和禮確實偏於外在行為一面。孟子雖曾批評告子的 "仁內義外"，但他卻又說過："夫義，路也；禮，門也"《孟子·萬章下》)，以及許多類似的話，置義、禮於隨時隨地而有異同的行為秩序的地位。《五行》篇之不談，於此當不無關係。

在談了以憂得智、聖之後，《五行》篇在如何使五行形於內的總體上，又特別強調了 "為一" 和 "慎獨"。〈經說 7〉云：

能為一然後能為君子。能為一者，言能以多為一；以多為一也者，言能以夫五為一也。

這是說，得仁、得智、得聖，以及沒有談到的得義、得禮，總之這一切，都是同一個得道或成德，不能支離破碎地理解，視它們為五個互不相干的行為。此五行，就其存在來說，是"和"的，所謂"德之行五，和謂之德"（〈經1〉）；因而人之得到它們，只能是"為一"的，整體的，"一也，乃德已"（〈經說7〉）。在講解上和敘述上，勢必一一道來，將本來的一分說為多；而在體驗和領悟時，則必須以多為一，"能為一然後能為君子"，否則，只不過得到些片斷的知識而已。

為一的功夫又來自"慎獨"。〈經7〉說："能為一然後能為君子，君子慎其獨"。慎獨一詞，儒書時有所見，但所指不盡同。《禮記·大學、中庸》上的慎獨是慎其獨居之所為，而《禮記·禮器》上的慎獨又成了"以少為貴"。《五行》篇這裏所說的慎獨，則特指"慎其心"：

慎其獨也者，言舍夫五而慎其心之謂也。……獨也者，舍體也。（〈經說7〉）

……舍其體而獨其心也。（〈經說8〉）

看來，這個慎獨是說謹慎運用心官去透過雜多而悟其為一，是"能為一"的保證。這同《荀子·不苟》所謂的慎獨，十分相近，《荀子》說：

君子養心莫善於誠，致誠則無它事矣。……君子至德，嘿然而喻，未施而親，不怒而威。夫此順命，以慎其獨者也。善之為道者，不誠則不獨，不獨則不形，不形則雖作於心，見於色，出於言，民猶若未從也，雖從必疑。……夫誠者，君子之所守也，而政事之本也。唯所居以其類至，操之則得之，舍之則失之。操而得之則輕，輕則獨行，獨行而不舍，則濟矣。

這一個誠——輕——形的"養心"化性途徑，對我們理解《五行》篇的得道成德方法大有啓發。只要將"誠"換成"志"，便是《五行》篇的公式了。

"輕"者，聖之思也；"獨"者，慎其獨也；"形"字說得最透徹，並非"作於心，見於色，出於言"之謂，形於內也。荀子非十二子，但他超不出自己的時代，生當十二子之後，他受到十二子尤其是思孟學派影響之處，還是在在可見的。

<h1 style="text-align:center">（三）</h1>

人得道，道成德，五行皆形於人心，事情至此並未結束，因為人尚未能以此成為具有高尚道德的人。得道成德，只是領悟了天道，雖然這是十分緊要的；但欲具備為人之道，成為君子，還有待於將所得之道付諸實踐，有待於由德而善。書中說：

> 五行皆行於其內，時行之，謂之君子。（〈經 3〉）

"五行皆行於其內"，是德，我們已討論過如何志於德即道德的認知問題如上章；"時行之"，是善，現且就如何為善即道德的實行問題，評述如下。

人何以要為善，又何以能為善？在《孟子》中，是以人心有善端和人性本善為預設而展開的。成書於戰國後期的《五行》篇，自不能停留在這種回避問題的水平，而不免稍作變通，採取了當時流行的氣觀念，認為人之為善，乃由於種種相應的"氣"充斥體內而引起。

書中有關章節說：

> 繲也者，勉也，仁氣也。（〈經說 10〉）
>
> 直也者，直其中心也，義氣也。（〈經說 11〉）
>
> 遠心也者，禮氣也。（〈經說 12〉）

又說：

> 知君子所道而娓然安之者，仁氣也。（〈經說19〉）
>
> 既安之矣，而儼然行之，義氣也。（同上）
>
> 既行之矣，又愀愀然敬之者，禮氣也。（同上）

這是說，人身上有種種氣，那表現爲"繺"（變、戀、攣）和"娓"的，是仁氣；表現爲"直"和"儼"的，是義氣；表現爲"遠"和"敬"的，是禮氣。這些氣還不就是仁、義、禮，但可以通過一些階梯，發展到仁、義、禮。且以仁氣爲例：

> 不繺不悅，不悅不戚，不戚不親，不親不愛，不愛不仁。（〈經10〉）

繺是仁氣，是順從、思慕、柔好之貌，是仁的起點；由此前進，"繺而後能悅"，"悅而後能戚"，"戚而後能親之"，"親而後能愛之"，"愛而後仁"（〈經說10〉），這是仁氣在體內逐步擴充的過程，也是其所施範圍逐步擴展的過程：

> 顏色容貌繺繺也。以其中心與人交悅也，中心悅焉。遷於兄弟，戚也。戚而伸之，親也。親而篤之，愛也。愛父，其繼愛人，仁也。
> （〈經14〉）

仁氣表現在顏色容貌上，爲繺；表現在與人交往中，爲悅。此即通常所謂的和顏悅色。仁氣的進一步擴充與推廣，由己身及於兄弟，呈現爲戚。戚，近也，《詩·行葦》有"戚戚兄弟"句。再進一步，施及親族，便是親和愛。最後擴展至愛一切人，仁氣得到了完全的表現，那便是作爲人道的仁了。可以看出，這一過程也正是儒家"愛有差等"、"施由親始"原則的體現。

義氣與仁氣不同，它由"直"開始：

> 不直不泄，不泄不果，不果不簡，不簡不行，不行不義。（〈經11〉）
>
> 中心辨焉而正行之，直也。直而遂之，泄也。泄而不畏強禦，果也。不以小道害大道，簡也。有大罪而大誅之，行也。貴貴其等

尊賢，義也。（〈經 15〉）

這也是一個逐步在體內擴充和逐步擴展所施範圍的過程，由一己之身直至天下。

禮氣亦複如此：

不遠不敬，不敬不嚴，不嚴不尊，不尊不恭，不恭不禮。（〈經 12〉）

以其外心與人交，遠也。遠而莊之，敬也。敬而不懈，嚴也。嚴而威之，尊也。尊而不驕，恭也。恭而波交，禮也。（〈經 16〉）

從這些氣的存在及其擴充，很自然令人想起孟子的類似觀點。孟子有夜氣或平旦之氣、浩然之氣，以及守氣、養氣之論（見《孟子·告子上、公孫丑上》）。孟子想像，人在寧靜的夜間，得以擺脫種種外界干擾，在體內滋生出善良的氣來，是為夜氣或平旦之氣。守住這種氣，可以逐步為善；喪失這種氣，便離禽獸不遠了；培養這種氣，配以義與道，則能成為浩然之氣，浩然之氣充滿身體，人將能與天地鼎立。這些氣，和孟子常說的四端還不相同，四端是善性和良心，而氣，則是精神狀態。兩者都需要培養和擴充，但"人之有四端也，猶其有四體也"（《孟子·公孫丑上》），它是與生俱來的，先驗的本性，相當於上一章所討論的形於內的天道或德；這個後天滋生的氣，則與人的道德實踐直接相關，正是《五行》篇所說的見諸人的行為的人道或善。

《孟子》中談四端或人的道德屬性的地方較多，談氣或道德實踐的地方較少，其重點是在證明人性本善或仁義禮智為人性所本有。《五行》篇繼續《孟子》的事業，將道德屬性的證明轉換為強調樹立道德信念，從客觀信仰轉換為主觀努力，如上章所述；對於孟子談得較少的道德實踐或如何為善，則作了詳盡發揮。

只是《五行》篇在談論為善以氣時，過多地著墨於諸善的過程，而不曾涉及氣本身的論述，諸如仁氣、義氣、禮氣是一還是多，何以沒有智氣和聖氣，以及，這些氣與天道的關係等等，因而在體系的完整上，留下許多缺陷，有待於我們來進行推測。

細讀《五行》篇全文，我們可以猜想，書中所謂的氣，亦指人的精神狀態。所謂繯也、直也、遠心也，娿然、俲然、娿愀娿愀然，都是處於社會關係中的人的種種精神狀態。"氣，體之充也"（《孟子·公孫丑上》），正是這些精神狀態，支配了人的行為及其成敗。同為精神狀態，因而諸氣雖有不同，可以謂之"一"；但精神的表現極為複雜，因而又可謂之"多"，大別之有仁氣、義氣、禮氣諸善氣之分。《五行》篇沒有智氣、聖氣之說，另以"明"、"聰"代之，謂"聰也者，聖之藏於耳者也；明也者，智之藏於目者也。聰，聖之始也；明，智之始也。"（〈經說13〉）聰與明，是耳目的一種狀態，最佳的工作狀態，首先是物質性的狀態，帛書以之與諸氣並提，可以認為，帛書意在強調聰明的精神性方面，以激勵人之向善；所以說：

> 聞君子道，聰也。同此聞也，獨色然辨於君子道，聰也。聰也者，聖之藏於耳者也。……
>
> 見賢人，明也。同此見也，獨色然辨於賢人，明也。明也者，智之藏於目者，；明則見賢人。（〈經說18〉）

聰明既然是聖智藏於耳目的表現，那當然是精神狀態了；如果說也有什麼物質效應的話，那亦是精神使然。這樣一說，聖智便成了人人可以企及的境界和應該實踐的教義了。

至於聰、明為何不援繯、直、遠之例，名為聖氣、智氣，那是因為聰明專指耳目，而耳目又徑通聖智，這是當時的定說；帛書因之無需疊床架屋，像對待無所指的仁氣義氣禮氣那樣了。

這些"氣"，是天道五行不形於內而形於人體的結果，它們同天道五行之將形於內而生的"志"的關係，一如善與德、人與天的關係一樣，處於從屬的地位。在這方面，帛書沒有多作說明，大概採取了《孟子》的志為氣之帥、氣為體之充以及志至焉、氣次焉（見《公孫丑上》）這樣的通行看法，談到過耳目鼻口手足為人體之小者，心為人體之大者，大體役使小體之類的話（見〈經22〉）。值得一提的是，《五行》篇相信由氣而成的人之為善，是有終的，將"與其體終"（〈經8〉）；而由志而成的人之為德，則是無終的，它可以"舍其體而獨其心"（同上）。

這種靈魂不滅的觀念，書中雖然談論不多，總是令人難以接受的瑕疵。

（四）

前面提到在如何得道成德時有一項"爲一"的工夫。"爲一"之所以必要，根本還在於五行雖由諸元素構成，卻並非雜亂無章，它的存在本是和諧有序的。像一切儒家著作一樣，《五行》篇尊仁義爲諸行之本，在總括"善"的〈經 19〉，有"仁義，禮智之所由生也"的明文；這是不待言的。值得特別辨明的是在仁、義二者之間。《五行》篇在這一方面，保留了較傳世儒書爲多的原始看法，直接道出了仁、義二者之間的對立統一關係。而這一點之所以可能，又由於對"義"的解釋，未作過多的道德化的粉飾。

眾所周知，仁、義的通常釋義是愛和宜，以及由之引申出的博施、正直之類；這種純道德化的解釋，離開它們的本義乃至孔孟當初取它們爲儒學範疇時的用意，都有相當一段距離，特別是在"義"的含義以及仁義之間的關係上。

按，義字確有"宜"義；不僅有宜義，而且原先乾脆就寫作宜字。這是訓詁學的常識。據現在已見的出土古器物可知，至少在西元前 310 年，用爲仁義的"義"字，仍寫作"宜"字（見中山王三器，《文物》1979 年第 1 期））；時當孟子晚年。只是宜字除去用作形容詞"適宜"、助動詞"應當"和副詞"大概"以外，也有自己的本義；那個本義叫做"殺"。《周禮·春官·大祝》有云："大師（指誓師），宜於社，造於祖，設軍社，類上帝。"《禮記·王制》亦有："天子將出，類乎上帝，宜乎社，造乎禰；諸侯將出，宜乎社，造乎禰。"這裏的宜字，同造、類一樣，也是祭禮，指殺牲或殺俘；在甲骨文中，它與"俎"、"肴"同形，義爲殺戮[1]。至於後來轉義爲適宜、應當，那是從當殺則殺、不必愛憐轉成的；再一轉，便有了罰當其罪、惡惡、果斷、公正、節制等等道德性的含義，在字形上，也改成"義"字，甩掉宜字原先那種置肉俎上的形象，"遠庖廚也"

---

[1] 詳見拙著《儒家辯證法研究》《仁義》章，中華書局 1984 年版。

了。

瞭解義字演成過程[1]，於理解義範疇的含義大有助益。孟子謂仁為惻隱、義為羞惡，仁為人心，義為人路，其賦予"義"的內容，便不是簡單的"適宜"、"應當"之類，而著重在與仁愛相對的惡惡上，否則，其對舉仁義，便沒有意義了。《易傳》謂"理財正辭，禁民為非曰義"（《繫辭下》），《荀子》謂"夫義者，所以限禁人之為惡與奸者也"（《強國》），《大戴禮記》謂"司寇之官以成義"（《盛德》），《禮記》謂"除去天地之害謂之義"（《經解》），都也坦率地揭櫫了義的本義。當然，與此同時，這些儒書以及許多其他非儒書中，從"適宜"之類意義上來規定"義"的地方，要更為多得多，那已經是一轉再轉的了；儘管如此，只要我們不為經師們的註疏所左右，則義字的殺氣，即使在這些地方，也不難察覺的。

帛書《五行》篇對義的解釋，保留了更多的原始含義，書中說：

> 不直不泄，不泄不果，不果不簡，不簡不行，不行不義。（〈經11〉）

> 中心辨焉而正行之，直也。直而遂之，泄也。泄而不畏強禦，果也。不以小道害大道，簡也。有大罪而大誅之，行也。貴貴其等尊賢，義也。（〈經15〉）

這是對"義"的由中及外、由微之著的過程和表現的描述。直、泄、果，都有一往無前、義無反顧的意思。簡，"猶衡也"（〈經說20〉），"不以小愛害大愛，不以小義害大義也"（〈經說15〉），是強調公正與原則性，暗含罰當其罪的意思；所以接著而來的便是"行"——"有大罪而大誅之"。值得注意的是不行則不義的提法，它將大罪大誅作為義的直接前提，作為到達義境界的最後一級階梯，這就使後儒對義的粉飾黯然失色，讓讀者看到了真面目的廬山。比較難於理解的是〈經15〉中對義的直接定義："貴貴其等尊賢"，要弄懂它，必得從稍遠的地方說起。

著名的文化人類學家佛萊則在他的名著《金枝》和《禁忌和靈魂的危險》

---

[1] 至於義字原始字義，它和儀字的關係等，此處從略。

中,向我們證明,原始民族的統治者,不僅要受保護,同時也必須受監視,這是由於他們被認爲具有某種危險而神秘的力量所致;而保護和監視,則由一連串的禁忌來執行。佛萊則說:"統治者常被纏繞在一連串的儀式中,這些如網的禁制,其目的並不是在增加他個人的威望,或使他過得舒適,最重要的是在於限制和防止他破壞了自然的和諧,進而導致全族的禍害。"佛氏收集有許多實例,足以使人在看到這些民族加於統治者的禁忌時,想起了對謀殺犯的處罰。所以,在某些原始社會裏,統治者的權威並不是一種令人羨慕的象徵,那些被擁爲統治者的人們,常想盡辦法來逃脫推戴。據此,精神分析學家佛洛伊德說:"加於國王身上的禁忌儀式,表面上看來是最高的榮譽和具有保護作用,可是,事實上是對他高升所做的一種懲罰,一種全部族民對他的共同報復。……如果我們有機會聽到現代的國王和統治者對這個問題的討論,我們將會發現有許多人同意這種說法。"(《圖騰與禁忌》第二章。本段佛萊則言論亦據同書轉引)

兩位佛氏的這個有趣的研究,從中國上古的許由洗耳、王子搜逃穴等等故事中,亦可得到印證。果真如此,則貴貴謂之義的提法[1],恐不止是同親親謂之仁簡單相對待而已[2],如經師們所肅然宣講的那樣。貴其貴者,來源於一種禁忌,實質上是一種懲罰;稱之爲義,而不謂之禮,顯然是看中了義字所含有的那個肅殺之氣。帛書說不行則不義,意謂不能對大罪者有大誅之的心態,便不懂得如何對待貴者、尊者、賢者。這裏面的奧妙,是值得仔細體味的。

如此被規定了的"義",其與"仁"的關係,自不會是平滑的序列,而是對立的統一。帛書於此說:

> 有大罪而大誅之,簡;有小罪而赦之,匿也。有大罪而弗誅,不行;有小罪而弗赦,不辨於道。

> 簡之為言也,猶衡,大而罕者也;匿之為言也,猶匿匿,小而軫者也。簡,義之方也;匿,仁之方也。剛,義之方也;柔,仁之方也。《詩》曰:"不競不糸求,不剛不柔",此之謂也。(〈經20〉)

---

[1] 《荀子》亦有"貴貴、尊尊、賢賢、老老、長長,義之倫也"(《大略》)。

[2] 例如《孟子》開宗明義第一節便有"未有仁而遺其親者也,未有義而後其君者也"。

　　仁與義，在這裏具有著鮮明的對立關係。它們分施於不同的人事：仁，雖小不遺，義，非大不加；要求著相反的方法：仁以柔而義以剛。但是，它們並不由此而互生排斥，反而因之相得益彰，因爲它們來自同一個"道"，是一個道的兩面，是道的具體表現。

　　以仁義爲核心，整個五行亦組成一個對立統一的體系。〈經18〉有云：

　　　　聞君子道，聰也。聞而知之，聖也；聖人知天道。知而行之，義也。行之而時，樂也。

　　　　見賢人，明也。見而知之，智也。知而安之，仁也。安而敬之，禮也。

　　　　仁義，禮樂所由生也。五行之所和，和則樂，樂則有德，有得則國家興。

　　這裏以聖——義——樂爲一組，智——仁——禮爲又一組。前者源於聞道，後者起於見賢；聞見之知與德性之知，這個使後儒打得難分難解的題目，此時還混沌著哩。兩組相加，成爲三對：聖智、仁義、禮樂；比五行多了一個"樂"。好在樂的特點是和，所以將這一行作爲整個"五行之所和"，體系於是便築成了。後來漢初沿襲秦之"數以六爲紀"遺風，用起這個體系來，竟比它的發明者還理直氣壯得多，賈誼說："陰陽各有六月之節，而天地有六合之事；人亦有仁、義、禮、智、聖之行，行和則樂，與樂則六：此之謂六行。"（《新書·六術》）這大概是苦苦經營五行體系的思孟學派當年所始料不及的吧。

　　四行的體系與五行稍有不同，〈經19〉說：

　　　　見而知之，智也。知而安之，仁也。安而行之，義也。行而敬之，禮也。仁義，禮智之所由生也。四行之所和，和則同，同則善。

　　四行爲善，善的要點在於實踐，它是天道在人體的體現（而不是在人心的體認）。所以智範疇在這裏的地位，比之五行中有所降低，成了仁義的派生物，行爲的一分子。這是必須注意分清的。

　　還有一點值得注意的是四行之和則同，與五行之和則樂的不同。

　　五行和，謂之德；四行和，謂之善。前者是天道之體認於人心，後者是天道之體現於人身，已如前述。對於講究天人互通的儒家作者來說，人心與人身之如此兩立而不相通，沒有相應的範疇使之過渡，那是不能罷休的。所以，在總括五行關係與四行關係的兩節中，分別有云：

　　　五行之所和，和則樂。和者，有猶五聲之和也。樂者，言其流
　　體也，機然忘塞也。忘塞，德之至也。（〈說18〉）

　　　（四行之所和）和則同。和者，有猶五聲之和也。同者，□約
　　也，與心若一也，言舍夫四也，而四者同於善心也。同，善之至也。
　　（〈說19〉）

　　五行是形於內的內心的體驗，但是它也要"流體"，並且能夠"流體"，即流行於全身；其媒介是"樂"。樂之用在於"忘塞"，這是人所共知的，於是在五行之後，便有了一個樂，然後過渡到德。這樣的德，雖仍形於內，卻不限於內了。

　　四行是不行於內而見之於行為的，即著於體的，但是它並非無心，而是"與心若一"，即與心相同。所以在四行之後，便有了一個同，然後過渡到善。這樣的善，雖不形於內，卻與心同一了。

　　在心而流體，在體而同心；德之與善，五行與四行，雖於人之心身各有所重，但卻沒有偏至之虞。在實踐中應該做到這樣，在認識上必須主張這樣，這便是儒家辯證法的要求，也是中國思維方式的閃光。至於在心者如何流體，在體者何以同心，各自的步驟如何，機制何在，那是沒有成法可述，沒有定章可循，而有待於從事者自己去分別體會、各自領悟的，這一面，又是中國思維方式的鏽斑，需要花大力氣去剔除的。

附錄

郭店楚簡《六德》篇釋文

（採自荊門博物館《郭店楚墓竹簡》）

......

此。可（何）胃（謂）六惪（德）？聖、智也，悬（仁）、宜（義）也，忠、信也。聖與智臺（戚）豆（矣）（以上簡一），悬（仁）與宜（義）臺（戚）豆（矣），忠與信臺（戚）。乍（作）豊（禮）樂，折（制）垚（刑）瀻（法），耊（教）此民尔（？）叓（使）（以上簡二）之又（有）向也，非聖智者莫之能也。新（親）父子，和大臣，帰（歸）四叟（鄰）（以上簡三）之㶵虖，非悬（仁）宜（義）者莫之能也。聚人民，貢（任）陞（地），足此民尔（？）（以上簡四）生死之甬（用），非忠信者莫之能也。君子不卡女（如）衍（道）。衍（道），人之……君子女（如）穀（欲）求人衍（道）……（以上簡六）

......繇（由）其衍（道），唯（雖）堯求之弗得也。生民（以上簡七）

......六立（位）也。又（有）衙（率）人，又（有）從人者（以上簡八）；又（有）叓（使）人者；又（有）事人□；□□教者；又（有）受者；上六戠（職）也。既又（有）（以上簡九）夫六立（位）也，以貢（任）此□□囬，六戠（職）既，以釜六惪（德）。六惪（德）者（以上簡十）

......賞慶安（焉），智（知）其以又（有）所帰（歸）也，材（以上簡十一）

唯（雖）才（在）山岳（？）之宙（中），句（苟）臤（賢）……（以上簡十二）

......□父兄貢（任）者，子弟大材埶（藝）者（以上簡十三）大官，少（小）材埶（藝）者少（小）官，因而它（施）爭（祿）安（焉），叓（使）之足以生，足以死，胃（謂）（以上簡十四）之君，以宜（義）

貞（使）人多。宜（義）者，君惪（德）也。

非我血燹（氣）之新（親），畜我女（如）其（以上簡十五）子弟，古（故）曰：句（苟）淒夫人之善兀（施）憥（勞）其𤈦𤈦之力弗敢單（憚）也（以上簡十六），危其死弗敢㤪（愛）也，胃（謂）之以忠貞（事）人多。忠者，臣惪（德）也。

智（知）可（以上簡十七）爲者，智（知）不可爲者，智（知）行者，智（知）不行者，胃（謂）之夫，以智衞（率）人多（以上簡十八）。智也者，夫惪（德）也。能與之齊，終身弗改之壴（矣）。是古（故）夫死又（有）宔（主），終（以上簡十九）身不縊（變），胃（謂）之婦，信從人多也。信也者，婦惪（德）也。既生畜之（以上簡二十），或從而孝（教）悔（誨）之，胃（謂）之聖。聖也者，父惪（德）也。子也者，會埻長材（以上簡二十一）以事上，胃（謂）之宜（義），上共下之宜（義），以奔甄，胃（謂）之孝，古（故）人則爲（以上簡二十二）□□□□悬（仁）。悬（仁）者，子惪（德）也。古（故）夫夫，婦婦，父父，子子，君君，臣臣，六者客（各）（以上簡二十三）行其戠（職）而狁奮亡繇（由）迮（作）也。藋（觀）者（諸）時（詩）、箸（書）則亦才（在）壴（矣），藋（觀）者（諸）（以上簡二十四）豐（禮）、樂則亦才（在）壴（矣），藋（觀）者（諸）易、春秋則亦才（在）壴（矣）。新此多也，會此多也（以上簡二十五），顈此多也，衍（道）朵止。▬悬（仁），內也。宜（義）外也。豐（禮）樂，共也。內立父、子（以上簡二十六）、夫也，外立君、臣、婦也。紤（疏）斬布實丈，爲父也，爲君亦肰（然）。紤（疏）衰（以上簡二十七）齊戊絀實，爲𤔲弟也，爲宴（妻）亦肰（然）。祖字爲宗族也，爲弸（朋）臂（友）（以上簡二十八）亦肰（然）。爲父丝（絕）君，不爲君丝（絕）父。爲𤔲弟丝（絕）宴（妻），不爲宴（妻）丝（絕）𤔲弟。爲（以上簡二十九）宗族从彊（朋）臂（友），不爲彊（朋）臂

（友）从宗族。

人又（有）六惪（德），參（三）新（親）不刐。門內（以上簡三
十）之絅紉穿（弁）宜（義），門外之絅宜（義）斬紉。悬（仁）頪
（類）蕍而速，宜（義）頪（類）岊（以上簡三十一）而丝（絕），悬（仁）
蕍而酓，宜（義）強而朿。酓之爲言也，猷（猶）酓酓也，少而（以
上簡三十一）尞（？）多也。梢其志，求羖（養）新志，害亡不以也。
是以酓也（以上簡三十三）。▀男女（以上簡三十二）卡生言，父子新（親）生
言，君臣宜（義）生言。父聖，子悬（仁），夫智，婦信，君宜（義）
（以上簡三十四）臣宜〈忠〉。聖生悬（仁），智術（率）信，宜（義）
叟（使）忠。古（故）夫夫，婦婦，父父，子子，君君，臣臣，此
六者客（各）（以上簡三十五）行其戠（職）而犯夆蔑繇（由）亡〈乍〉
也。君子言信言尔，言煬言尔，詨外（以上簡三十六）內皆得也。其返（反），
夫不夫，婦不婦，父不父，子不子，君不君（以上簡三十七），臣不臣，
緍（昏）所繇（由）迮（作）也。君子不帝（啻）明虖（乎）民虖
（乎）敳（微）而已，或以智（知）（以上簡三十八）其弌（一）豆（矣）。
男女不卡，父子不新（親）。父子不新（親），君臣亡宜（義）。
是古（故）先王之（以上簡三十九）嗇（教）民也，司（始）於孝弟。君
子於此弌（一）敳者亡所瀳（法）。是古（故）先王之（以上簡四十）嗇
（教）民也，不叟（使）此民也惡（憂）其身，遊（失）其敳。孝，
杏（本）也。下攸（修）惎（其）（以上簡四十一）杏（本），可以韌狃。
生民斯必又（有）夫婦、父木、君臣。君子明虖（乎）此（以上簡四十二）
六者，肰（然）句（後）可以韌狃。衍（道）不可僵也，能獸（守）
弌（一）曲安（焉），可以緯（以上簡四十三）亞（惡），是以其韌狃速。
凡君子所以立身大瀳（法）參（三），其睪（擇）之也（以上簡四十四）。
六，其覤十又二。參（三）者迵（同），言行皆迵（同），非言行
也（以上簡四十五）。參（三）者皆迵（同），肰（然）句（後）是也。
參（三）者，君子所生與之立，死與之遚（敝）也（以上簡四十六）。

　　……人民少者，以攸（修）其身。爲術（道）者必繇（由）（以上簡四十七）

　　此。新（親）邊（戚）遠，唯其人所才（在）。得其人則壑（舉）安（焉），不得其人則止也 （以上簡四十八）。

　　……生。古（故）曰，民之父母（親）民易，叟（使）民相親也戁（難）（以上簡四十九）。

《六德》篇簡注

……

此。何謂六德？聖、智也，仁、義也，忠、信也。聖與智戚〈就〉矣，仁與義戚〈就〉矣，忠與信戚〈就矣〉①。作禮樂，制刑法，教此民爾，使之有向也②，非聖智者莫之能也。親父子，和大臣，歸〈寢〉四鄰之��虖③，非仁義者莫之能也。聚人民，任土地④，足此民爾，生死之用，非忠信者莫之能也。

> ① 戚，釋文裘按（以下簡稱裘按）疑當讀爲"就"。按：就，從也、即也，與去反；如"各就各位"。聖與智就矣，謂聖智相輔相成也。仁與義、忠與信句同。
>
> 又，"忠與信戚"後或脫"矣"字。
>
> ② 向，方向；有向，有所適從也。
>
> ③ 歸，裘按疑爲"寢"之省寫。寢，止息也。
>
> ④任土地，利用土地也。《孟子·離婁上》有"辟草萊任土地"句。

君子不卡〈變〉如道①。道，人之……

君子如欲求人道……②

……〔不〕由其道③，雖堯求之弗得也。生民

① 卡，釋文原注疑爲"卞"，在此讀爲"變"。君子不變如道，謂君子之德如日之升如月之恒也。

② 人道，爲人之道，此處隱指六德。

③ 裘按"由"上原當有"不"字。

……六位也①。有率人者，有從人者②；有使人者，有事人□〈者〉③；□□〈有教〉者，有□〈受〉者④；此六職也。既有夫六位也，以任此□□〈六職〉也⑤。六職既分，以釜〈卒〉六德⑥。六德者

……賞慶焉，知其以有所歸也，材

① 此前段簡談夫婦、父子、君臣六位。此後分述六位之職責，所謂六職。六職之規範與準則，是爲六德。李零以此簡緊接上簡，讀作"生民〈斯必有夫婦、父子、君臣，此〉六位也。"（見《郭店楚簡校讀記》，載《道家文化研究》第十七輯，下同）

② 率人、從人，分指夫婦。

③ 使人、事人，分指君臣。
又，缺文當爲"者"字。

④ 據圖版和文意，此處疑爲"有教者，有受者"，以分指父子之職。

⑤ 闕文當爲"六職"。

⑥ 李零讀未釋字爲"卒"。

雖在山嶽（？）之中，苟賢……

……□父兄任者，子弟大材藝者大官，小材藝者小官，因而施祿焉①，使之足以生，足以死②，謂之君，以義使人多。義者，君德也。非我血氣之親，畜我如其子弟，故曰：苟淒〈濟〉夫人之善𢇛〈也〉，勞其𦟛𦝩〈臟腑〉之力弗敢憚也③，危其死弗敢愛也④，謂之〈臣〉⑤，以忠事人多。忠者，臣德也。

① 謂君以父兄爲己任，視臣民如子弟，因材授官施祿。

② 足以養生送死也。

③ 本句校改四字從李零。

憚，畏難。謂君待臣如子弟，臣乃竭力效忠。

④ 弗敢愛，謂不敢貪生也。

⑤ 裘按"謂之"下應有"臣"字。

知可爲者，知不可爲者，知行者，知不行者，謂之夫，以智率人多。智也者，夫德也。能與之齊①，終身弗改之矣。是故夫死有主②，終身不變，謂之婦，以信從人多也。信也者，婦德也。

① 之，指丈夫。齊，等也。謂婦與夫爲不齊之齊。

② 主，死後所立之靈牌。

既生畜之，或從而教誨之，謂之聖。聖也者，父德也。子也者，會埤長材以事上，謂之義，上共下之義，以夲甄_，謂之孝，故人則爲□□□□仁。仁者，子德也。①

> ① 以上三段所述之義（君德）、忠（臣德）、智（夫德）、信（婦德）、聖（父德）、仁（子德）六德，與開篇所謂的"聖智也""仁義也""忠信也"六德，名目雖同，卻不屬同一層次。開篇的六德，是社會關係上的典範；此處的六德，乃血緣關係上的守則（君臣關係早先亦爲血緣關係）。前者可稱社會道德，後者是爲人倫道德。

故夫夫、婦婦、父父、子子、君君、臣臣①，六者各行其職，而狃奢〈讒陷〉亡由作也②。觀諸《詩》、《書》，則亦在矣，觀諸《禮》、《樂》，則亦在矣，觀諸《易》、《春秋》，則亦在矣③。新此多也，會此多④；頡此多也，道宋止⑤。

> ① 夫夫、婦婦……，謂夫盡夫職守夫德，婦盡婦職守婦德也。父父等同此。
>
> ② 讒陷，據李零讀。
>
> ③ 此處以《詩》《書》《禮》《樂》《易》《春秋》並舉，爲迄今所知的最早的"六經"出處。
>
> ④ 裘按謂此句"多"下脫"也"字。按，此處前後四句若讀爲"新此多也，會此多；頡此多也，道宋止"，雖句義不明，亦頗琅琅齊整。
>
> ⑤ 裘按疑"道宋"即以上一篇的篇名，"止"即此篇至此完了之意。或非是。李零讀爲"道禦止"。

仁，內也。義，外也①。禮樂，共也②。內立父、子、夫也，外立君、臣、婦也。疏斬布實丈〈布絰，杖〉，爲父也，爲君亦然③。疏衰齊戊艸實〈牡麻絰〉，爲𦣞〈昆〉弟也，爲妻亦然④。袒字〈免〉，爲宗族也，爲朋友亦然⑤。爲父絕君，不爲君絕父⑥。爲𦣞〈昆〉弟絕妻，不爲妻絕𦣞〈昆〉弟。爲宗族𠆳〈疾〉朋友，不爲朋友𠆳〈疾〉宗族⑦。

人有六德，三親不劚〈斷〉⑧。門內之䋄紖祘〈治恩掩〉義，門外之䋄〈治〉義斬紖〈恩〉⑨。仁類藕而速，義類𢆶而絕。仁藕〈柔〉而敀〈匿〉，義強〈剛〉而柬。敀〈匿〉之爲言也，猶敀敀〈匿匿〉也，少而⑩……尞多也。㾪其志，求養新〈親〉之志⑪，害亡不以〈已〉也⑫。是以敀也。

① 此處之仁內義外，爲孟子以前的一般認識，謂仁乃內心的情感意念，義爲外在的行爲規範；亦有可能借自告子（參《孟子·告子上》），以喻"六位"有內外親疏之別。下文表明，六位中，"父子夫"屬內，親於屬外的"君臣婦"。

② 謂禮樂通行於六位，無內外之別。

③ 裘按"布實丈"當讀爲"布絰，杖"。據《儀禮·喪服》載，"斬衰裳，苴絰，杖"等，乃父、君之喪共用的喪服，故曰"爲父也，爲君亦然"；亦禮樂爲內（父）外（君）共也之例。

④ 裘按"戊⊙實"當讀爲"牡麻絰"，"弟"上一字當讀爲"昆"。據《儀禮·喪服》載，"疏衰裳齊，牡麻絰"等，爲妻與昆弟喪之喪服，故曰"爲昆弟也，爲妻亦然"。

⑤ 裘按疑"袒字"爲"袒免"之誤。據《禮記·大傳》載宗族喪服雲："四世而緦，服之窮也。五世袒免，殺同姓也。"又《儀禮·喪服》載

朋友喪服有："朋友皆在他邦，袒免，歸則已。"故曰"袒免，爲宗族也，爲朋友亦然"。

⑥ 絕，棄也。

⑦ 疾，據李零讀。惡也。

⑧ 斷，據李零讀。

⑨ 《禮記·喪服四制》、《大戴禮·本命》有"門內之治恩掩義，門外之治義斷恩"句。"門內"，謂血親之間；"門外"，謂朝廷之間。門內喪制尚恩，門外喪制尚義，故前曰"仁，內也；義，外也"。門內之治恩掩義，故有"爲父絕君"之說。

⑩ "柔""匿""剛"，據《五行》篇校改；"少而"後疑有缺簡。《五行》〈經20〉有云："不柬，不行。不匿，不辨於道。有大罪而大誅之，柬也。有小罪而赦之，匿也。有大罪而弗大誅也，不行也。有小罪而弗赦也，不辨於道也。柬之爲言，猶諫也，大而晏者也。匿之爲言也，猶匿匿也，小而軫者也。柬，義之方也。匿，仁之方也。剛，義之方，柔，仁之方也。'不競不絿求，不剛不柔'此之謂也。"（據竹本，帛本略同）

⑪ 據裘按讀。

⑫ 據李零改。

男女卡〈辨〉生言①，父子親生言，君臣義生言。父聖，子仁，夫智，婦信，君義，臣忠。聖生仁，智率信，義使忠。故夫夫，婦婦，父父，子子，君君，臣臣，此六者各行其職而狐奮〈讒陷〉蔑由乍〈作〉也。君子言信言爾，言煬言爾，誃外內皆得也。其反，夫不夫，婦不婦，父不父，子不子，君不君，臣不臣，昏所由作也。君子不啻明乎民微而已②，或以知其一矣③。

① 卡，即卞，通辨。

② 不啻，不僅。

③ 一，指人道。

男女不卡〈辨〉，父子不親；父子不親，君臣亡義。是故先王之教民也，始於孝弟。君子於此一戲者亡所法（廢？）①。是故先王之教民也，不使此民也憂其身，失其戲。孝，本也。下修其本，可以韌�1〈斷讒〉。生民斯必有夫婦、父子、君臣。君子明乎此六者，然後可以韌�1〈斷讒〉。道不可戲也，能守一曲焉，可以緯其惡，是以其韌�1〈斷讒〉速。

① 李零疑“法”當讀“廢”。

凡君子所以立身大法三①，其睪〈繹〉之也六②，其覭〈衍〉十又二③。三者同〈通〉④，言行皆同〈通〉；三者不同〈通〉，非言行也。三者皆同，然後是也。三者，君子所生與之立，死與之敝也。

① 立身大法三，指男女辨、父子親、君臣義。

② 睪，釋文定爲“擇”，疑應作“繹”，演繹也。

六，指夫智、婦信、父聖、子仁、君義、臣忠。

③ 衍，衍生也。

十又二，指夫夫、婦婦、父父、子子、君君、臣臣

④ 通，據裘按。

……人民少者，以修其身。爲道者必由此。親戚遠近，唯其人所在。得其人則舉焉，不得其人則止也。

……生。故曰，民之父母親民易，使民相親也難。①

① 此段三簡（原編號《六德》第 47、48、49）語義與《六德》不類，當屬其他篇章。

國家圖書館出版品預行編目資料

竹帛《五行》篇校注及研究／龐樸著. --初版.
--臺北市：萬卷樓，民 89
面；　公分

ISBN 978-957-739-284-8〔平裝〕

1.儒家-論文，講詞等

121.207　　　　　　　　　　89006628

竹帛《五行》篇校注及研究

著　　　者：龐　樸
發　行　人：許錟輝
出　版　者：萬卷樓圖書有限公司
　　　　　　台北市和平東路一段 67 號 14 樓之 1
　　　　　　電話(02)23216565．23952992
　　　　　　FAX(02)23944113
　　　　　　劃撥帳號 15624015
出版登記證：新聞局局版臺業字第 5655 號
網 站 網 址：http://www.wanjuan.com.tw/
E　 -mail：wanjuan@tpts5.seed.net.tw
經 銷 代 理：紅螞蟻圖書有限公司
　　　　　　台北市內湖區文德路 210 巷 30 弄 25 號
　　　　　　電話(02)27999490
　　　　　　FAX(02)27995284
承 印 廠 商：晟齊實業有限公司
定　　　價：300 元
出 版 日 期：民國 89 年 6 月初版

ISBN 978-957-739-284-8